Wilde · Kritik

Schriften zur Kunsttheorie II
Herausgegeben von Hein Stünke

Oscar Wilde

Kritik als Kunst

Deutsch von Felix Paul Greve

Alexander Verlag Berlin

KRITIK ALS KUNST

Mit einigen Anmerkungen
über die Wichtigkeit
des Nichtstuns
Ein Dialog

Personen: Gilbert und Ernest
Ort: Die Bibliothek eines Hauses auf Piccadilly
mit der Aussicht auf den »Green Park«

Erster Teil

Gilbert
(am Klavier)

Worüber lachst du, Ernest?

Ernest
(blickt auf)

Über eine köstliche Geschichte in diesem Band Lebenserinnerungen, den ich auf deinem Tische fand.

Gilbert

Was für ein Buch ist es? Ah, ich sehe schon. Ich habe es noch nicht gelesen. Ist es gut?

Ernest

Je nun; ich habe während deines Spiels ein paar Seiten durchblättert und mich ganz gut unterhalten. Freilich liebe ich eigentlich keine modernen Memoiren. Im allgemeinen schreiben nur solche Leute Memoiren, die entweder kein Gedächtnis mehr haben, oder die nie etwas Gedenkenswertes taten. Doch zweifellos erklärt das ausreichend ihre Beliebtheit. Denn das Publikum fühlt sich am wohlsten, wenn eine Mittelmäßigkeit zu ihm redet.

Gilbert

Ja, das Publikum ist merkwürdig duldsam. Es verzeiht alles, nur nicht das Genie. Doch ich muß gestehen, mir gefallen alle Memoiren. Nicht weniger wegen ihrer Form als wegen ihres Inhalts. In der Literatur ist nackter Egoismus wundervoll. Er bezaubert uns an den verschiedensten Leuten, an Cicero wie Balzac, an Flaubert und Berlioz, an Byron und Madame de Sévigné. Wo und so oft wir ihn finden – und es geschieht merkwürdigerweise selten genug – begrüßen wir ihn mit Vergnügen und vergessen ihn nicht leicht. Die Menschen werden Rousseau ewig dafür lieben, daß er seine Sünden gebeichtet hat, und zwar keinem Priester, sondern der Welt. Die schlafenden Nymphen, die Cellini für das Schloß des Königs Franz in Erz goß, ja, der grüne und der goldene Perseus, der auf der offenen Loggia in Florenz dem Monde das tödliche Schreckbild zeigt, das einst Leben in Stein verwandelte: das alles hat den Menschen nicht so viel Genuß bereitet, wie die Lebensgeschichte, in der der souveräne Schelm der Renaissance das Märchen seines Glanzes und seiner Schande erzählt. Was kümmern uns Meinungen, Charaktere, Taten? Mag ein Skeptiker reden, wie der Edle Sieur de Montaigne, oder ein Heiliger, wie der verbitterte Sohn der Monica: wer uns von seinen eigensten Geheimnissen erzählt, bezaubert unsere Ohren zu hören, unsere Lippen zu schweigen. Die Methode des Denkens, die der Kardinal Newman vertrat, – wenn anders man den Versuch, geistige Probleme durch Leugnung der Kompetenz des Intellekts zu lösen, Methode nennen kann – wird vielleicht, ja, ich glaube sicher, kein langes Leben fristen. Aber nie wird die Welt müde werden, jene verwirrte Seele auf ihrem Wege von Finsternis zu Finsternis zu begleiten. Die einsame Kirche zu Littlemore, wo »der Hauch des Morgens feucht und der Andächtigen wenige sind«, wird ihr stets teuer bleiben, und so oft die Menschen das gelbe Löwenmaul an der Mauer des Trinity College blühen sehen, werden sie des anmutigen Studenten denken, der in der sicheren Wiederkehr der Blumen eine Prophezeiung sah, daß er ewig bei der Gütigen Mutter seiner Tage weilen werde – eine Prophezeiung, deren Erfüllung der Glaube in Weisheit oder Torheit nicht zuließ. Ja, die Selbstbiographie ist unwiderstehlich. Selbst der arme, alberne überspannte Sekretär Pepys* fand durch sein Plappern den Weg zu den Unsterblichen, und im Bewußtsein, daß die Indiskretion der bessere Teil des Wertes ist, drängt er sich unter sie: in jenem »rauhen Purpurgewand mit goldenen Knöpfen und gerafften Spitzen«, das er uns so gern beschreibt, vollständig zu Hause, schwätzt er zu seinem und unserem unendlichen Vergnügen von dem indischblauen Unterock, den er seiner Frau gekauft hat, von dem guten »Schweinsgekröse« und dem »netten französischen Kalbsfrikassee«, das er liebte, von seinem Kegelschieben mit Will Joyce, von seiner Jagd nach Schönheiten und davon, wie er eines Tages Hamlet rezitierte oder wie er Wochentags die Violine spielte, und noch von vielen anderen schlimmen oder trivialen Dingen. Auch im wirklichen Leben hat ein solcher Egoismus seine Reize. Wer über andere redet, ist meistens langweilig. Wer von sich erzählt, ist fast immer interessant. Wenn man ihn zuklappen könnte wie ein Buch, dessen man müde ist, er wäre ganz vollkommen.

Ernest

In diesem Wenn liegt manches Wahre, würde Touchstone sagen. Aber meinst du im Ernst, daß jeder sein eigener Boswell werden sollte? Was würde aus all den fleißigen Arbeitern, die für Erinnerungen und Biographien sammeln?

Gilbert

Was ist aus ihnen geworden? Sie sind nicht mehr und nicht weniger als die Pest jeder Zeit. Jeder große Mann hat heute seine Jünger, und immer beschreibt sein Leben – Judas.

Ernest

Aber mein lieber...

Gilbert

Es ist so, leider! Früher erhoben wir unsere Helden zu Göttern, jetzt ziehen wir sie in den Staub der Erde nieder. Volksausgaben

* Samuel Pepys (1633- 1703), Secretary of the Admiralty unter Karl II. und James II., sein *Tagebuch aus dem London des 17. Jahrhunderts* erscheint erst 1825. Im Deutschen liegt es ausgewählt, übersetzt und herausgegeben von Helmut Winter (Stuttgart 1980) vor.

großer Bücher können wundervoll sein, aber Volksausgaben großer Männer sind einfach abscheulich.

Ernest

Darf ich fragen, auf wen du anspielst, Gilbert?

Gilbert

Oh, auf alle unsere Literaten zweiten Ranges. Uns überläuft eine Schar von Menschen, die beim Tode eines Malers oder Dichters zugleich mit dem Sargmacher ins Haus stürmen. Sie vergessen, daß ihre erste Pflicht ist, die stumme Person zu spielen. Aber nicht von ihnen laß uns reden. Sie nähren sich nur vom Abfall der Literatur. Der eine holt sich den Staub – der andere die Asche der Toten, doch an die Seele können sie nicht rühren. Aber jetzt will ich dir Chopin spielen oder Dvořák. Soll ich dir eine Phantasie von Dvořák vorspielen? Er schreibt leidenschaftlich und seltsam farbenreich.

Ernest

Nein! Gerade jetzt möchte ich keine Musik hören. Sie ist viel zu unbestimmt. Übrigens führte ich gestern die Baronin Bernstein zu Tisch. Sonst ist sie reizend, aber gestern bestand sie darauf, über Musik zu reden, als wäre sie in deutscher Sprache geschrieben. Nun mag Musik klingen wie sie will, zum Glück klingt sie nie auch nur entfernt wie Deutsch. Einige Formen des Patriotismus sind doch geradezu erniedrigend. Aber nein, Gilbert, nicht mehr spielen. Dreh dich um und sprich mit mir. Laß uns plaudern, bis der weißgehörnte Tag ins Zimmer steigt. Du hast ein wundervolles Etwas in deiner Stimme.

Gilbert

(steht vom Klavier auf)

Ich bin heute nicht in der Stimmung, zu plaudern. Wie häßlich, daß du lachst! Wirklich, ich bin nicht in der Stimmung. Wo sind die köstlichen Zigaretten? Danke schön. Wie köstlich sind diese Affodills! Wie aus Bernstein und kühlem Elfenbein gedreht. Wie Werke Griechenlands aus bester Zeit. Wie war die Geschichte des büßenden Akademikers, über die du lachtest? Erzähle sie mir.

Wenn ich Chopin gespielt habe, meine ich immer, ich hätte über Sünden geweint, die ich nicht beging, und über Tragödien getrauert, die ich nie erlebte. Mir scheint, die Musik wirkt immer so. Sie schafft uns eine Vergangenheit, die wir nicht kannten, und füllt uns an mit dem Gefühl von Leiden, die unsern Tränen verborgen waren. Ich könnte mir jemanden denken, der das alltäglichste Leben geführt hätte und bei den Klängen seltsamer Töne plötzlich entdeckte, wie seine Seele ohne sein Wissen durch furchtbare Erfahrungen gegangen wäre und schreckhafte Freuden erlebt hätte, oder wildromantische Liebe gekannt und große Entsagungen. Drum erzähle mir deine Geschichte, Ernest, du mußt mich aufheitern.

Ernest

Oh, ich wüßte nicht, daß sie irgend bedeutend wäre. Doch mir scheint, sie zeigt vortrefflich, wie wenig im Grunde die ganze Kunstkritik wert ist. Es scheint, daß eine Dame den »büßenden Akademiker«, wie du ihn nennst, einmal in allem Ernst gefragt hat, ob sein berühmtes Gemälde – etwa ›Frühlingstag bei Whiteley‹ oder ›Haltestelle des letzten Omnibus‹ oder etwas Ähnliches – ganz mit der Hand gemalt sei.

Gilbert

Und stimmte das?

Ernest

Du bist unverbesserlich. Aber im Ernst gesprochen, wozu nützt die Kunstkritik? Warum kann man nicht den Künstler sich selbst überlassen, wenn er will, eine neue Welt zu schaffen, oder wenn nicht, die schon bekannte Welt abzuspiegeln? Ich denke, wir wären ihrer längst müde, wenn nicht die Kunst sie mit ihrem feinen Sinn für Auswahl gleichsam für uns reinigte und auf Augenblicke vollkommen machte. Mir scheint, die Phantasie umkleidet sich mit Einsamkeit (wenigstens sollte sie es) und schafft am liebsten in Schweigen und Absonderung. Warum den Künstler mit dem lauten Geschrei der Kritik stören? Wie sollte es denen, die nicht schaffen können, anstehen, den Wert schöpferischer Arbeit abzuschätzen? Was können sie davon verstehen? Und ist eines Mannes Werk verständlich, so ist die Erklärung unnötig –

Gilbert

Und ist sein Werk unverständlich, so ist es ruchlos, es zu erklären.

Ernest

Das habe ich nicht gesagt.

Gilbert

Ah, aber du hättest es sagen sollen. Uns sind heute so wenige Geheimnisse geblieben, daß wir keines entbehren können. Die Anhänger der Browning-Gesellschaft, scheint mir, erklären wie die Theologen der *Broad Church*-Partei oder die Verfasser der *Walter Scotts Great Writers' Series* so lange an ihrer Gottheit herum, bis nichts mehr übrig bleibt. Wo wir hofften, in Browning einen Mystiker zu haben, versuchten sie zu zeigen, daß er nur unklar stammelte. Wo wir glaubten, er habe etwas zu verbergen, bewiesen sie, daß er kaum etwas zu offenbaren hatte. Doch ich rede nur von seinen einzelnen Werken. Als Gesamtheit betrachtet, war er groß. Er gehörte nicht zu den Olympiern und hatte alle Schwächen eines Titanen. Er konnte nicht überschauen, und selten nur fand er seine Melodie. Sein Werk trägt die schlimmen Spuren von Kampf und gewaltsamer Anspannung. Sein Weg führte nicht aus der Erregung zur Gestaltung, sondern vom Gedanken zum Chaos. Und doch war er groß. Man hat ihn einen Denker genannt, und sicher dachte er stets, und immer dachte er laut. Aber nicht der Gedanke bezauberte ihn, sondern nur der Prozeß des Denkens. Er liebte die Maschine, nicht, was die Maschine schafft. Der Weg, auf dem der Narr zu seiner Narrheit kommt, war ihm so reizvoll, wie des Weisen letzte Weisheit. Der feine Mechanismus des Geistes bezauberte ihn so sehr, daß er die Sprache schmähte und sie als unvollkommenes Ausdrucksmittel ansah.

Der Reim ist im welligen Hügellande der Muse ein herrliches Echo, das, seiner eigenen Stimme nachschaffend, Antwort tönt. Er ist in den Händen des wirklichen Künstlers nicht bloß ein formales Element metrischer Schönheit, sondern er wird zum vergeistigten Träger des Gedankens und der Leidenschaft, der eine neue Stimmung schaffen kann und einen frischen Strom des Denkens entfesselt. Oder er öffnet durch die bloße Schönheit und Gewalt des Klanges goldne, verschlossene Türen, an die auch die

Göttin Phantasie vergebens klopfte. Er erhebt des Menschen Stammeln zur Sprache der Götter. Aber in Brownings Händen wurde diese einzige Saite, die wir der Leier der Griechen hinzufügten, wurde der Reim zum grotesken, häßlichen Mantel, mit dem er bisweilen gleich einem schlechten Komödianten in der Dichtung Maskerade spielt. Es gibt Augenblicke, wo er uns durch schreckliche Mißtöne verwundet. Ja, wenn er die Saiten seiner Leier zerreißen muß, um zu seiner Musik zu kommen, so zerreißt er sie, und nun schlagen sie in Mißakkorden hin und her, und es kommt keine griechische Cikade, um sich auf das Horn seiner Leier zu setzen und mit den Tönen schwingender Flügel den Rhythmus vollkommen, die Sprünge weniger rauh zu machen. Und doch war er groß. Und ob er auch die Sprache in unedlen Lehm verwandelte, er formte aus ihr Männer und Frauen, die leben. Seit Shakespeare kam keiner Shakespeare so nahe wie er. Konnte Shakespeare mit Millionen Lippen singen, so konnte Browning mit tausend Munden stammeln. Noch jetzt, da ich rede und nicht gegen ihn, sondern für ihn rede, gleiten durch diese Räume die Wesen, die er erschuf. Dort schleicht Fra Lippo Lippi, und seine Wangen glühen vom heißen Kusse eines Mädchens. Dort steht der finstere Saul, und in seinem Turban glänzen die königlichen Saphire. Mildred Tresham ist da und, gelb vor Haß, der spanische Mönch und Blougram, Ben Esra und der Bischof von St. Praxed. Setebos' Brut lallt dort im Winkel, und Sebaldus hört Pippa vorübergehen, und er schaut in Ottimas hagres Gesicht, und Ekel erfaßt ihn vor ihr, vor seiner Sünde, vor sich. Bleich, wie sein weißseidenes Wams, schaut mit verträumten Verräteraugen der König auf Strafford, den Allzugetreuen, der nun seinem Schicksal entgegengeht. Andrea schaudert, da er den Pfiff seiner Vettern im Garten hört, und gebietet seinem herrlichen Weibe, hinabzusteigen. Ja, Browning war groß. Und wie wird er im Gedächtnis der Menschen leben? Als Dichter? Oh nein, nicht als Dichter! Man wird von ihm reden als von einem, der Erzählungen schrieb, und unter ihnen wird er vielleicht der erste sein. Sein Sinn, dramatische Situationen zu erraten, ist ohnegleichen, und fand er auch nicht auf seine eigenen Fragen die Antwort, so verstand er doch, Probleme aufzustellen; und was kann ein Künstler mehr tun? Als Bildner von Charakteren steht er als nächster hinter dem, der Hamlet schuf. Wäre er klar gewesen, hätte er neben ihm thronen können. Der einzige, der würdig ist, an den Saum seines Kleides zu rühren, ist George Meredith. Meredith ist ein Browning in Prosa. Doch auch Browning! Ihm war der Vers ein Mittel, Prosa zu schreiben.

Ernest

Es liegt etwas Wahres in deinen Worten, aber es liegt nicht alles in ihnen. In mancher Hinsicht bist du ungerecht.

Gilbert

Es ist schwer, gegen das, was man liebt, nicht ungerecht zu sein. Doch laß uns zu unserem besonderen Ausgangspunkt zurückkehren. Was sagtest du doch?

Ernest

Ganz einfach: daß es in den besten Zeiten künstlerischer Kultur keine Kunstkritik gegeben hat.

Gilbert

Ich glaube, die Bemerkung habe ich schon gehört, Ernest. Sie hat alle Lebenskraft eines Irrtums und alle Anhänglichkeit eines lästigen alten Freundes.

Ernest

Sie ist wahr! Ja, du brauchst nicht so mutwillig mit dem Kopf zu schütteln. Sie ist völlig wahr! In den besten Tagen der Kunst gab es keine Kunstkritik. Der Bildhauer schlug aus dem Marmorblock den großen, weißgliedrigen Hermes, der in ihm schlief. Töner und Vergolder gaben der Statue Farbe und Leben, und wenn die Welt sie sah, betete sie sie an und verstummte. Er goß das glühende Erz in die Form von Lehm, der Strom roten Metalls erstarrte in edlen Wölbungen und erhielt die Form der Gottesgestalt. Mit farbigem Schmelz oder geschliffenen Steinen gab er blinden Augen Gesicht und Leben. Unter seinem Grabstichel kräuselten sich die dunklen Locken. Und wenn dann der Sohn der Leto im dämmrig farbigen Tempel oder in sonnendurchfluteter Säulenhalle auf seinem Piedestade stand, dann ward allen, die vorrübergingen αβρως βαινοντες διὰ λαμπροτατου αιθερος [schön schreitend durch den leuchtendsten Himmel], eine neue Macht kund, die in ihr Leben griff, und sie gingen wie im Traum oder mit dem Gefühl fremdartiger, jäher Freude heim oder an die Arbeit ihres Tages. Vielleicht auch zogen sie aus den Toren der Stadt hinaus auf die Wiese der Nymphen, wo der junge Phädrus badete, und wenn sie dort auf weichem Grase lagen, zu Füßen großer Platanen, die im Winde flüsterten, oder unter blühendem Agnus castus, dann sannen sie über die Wunder der Schönheit und verstummten vor nie gefühlter Scheu. Damals war der Künstler frei. Aus dem Bette des Flusses nahm er den feinen Ton und formte in seinen Händen mit einem Stabe aus Holz oder Bein so köstliche Gestalten, daß das Volk sie den Toten als Spielzeug ins Grab gab; und wir finden sie heute in den staubigen Gräbern auf dem gelben Hügelhange von Tanagra. Noch tragen sie das matte Gold und das bleichende Rot auf Haar und Lippen und Gewand. Auf den frischen Bewurf einer Wand, der mit leuchtendem Bleirot oder mit Milch und Safran gemischt war, malte er sie, die mit müden Füßen auf dem weißgestirnten Purpurgrund der Asphodeloswiese wandelte, sie, in deren Augen der ganze Trojanische Krieg beschlossen lag, Polyxena, Priamos' Tochter; oder er bildete Odysseus, den weisen, den listigen, wie er sich mit engen Stricken an den Mastbaum fesseln ließ, um ungefährdet dem Gesang der Sirenen lauschen zu können, oder wie er am klaren Wasser des Acheron wandelte, wo die Geister der Fische über den Kieselgrund huschten: oder er zeigte die Perser, die, bekleidet mit Hosen und Mitra, bei Marathon vor den Griechen flohen, oder die Galeeren, die mit ehernen Schnäbeln in der kleinen Bucht von Salamis aufeinanderprallten. Er zeichnete mit Silberstift oder mit Kohle auf Pergament und künstlich behandeltes Cedernholz. Auf Elfenbein und auf rosafarbenen Ton malte er mit Wachs, das er in Olivenöl löste und mit heißem Eisen fixierte. Holz und Marmor und Leinwand schuf er zu Wundern um, wenn er mit seinem Pinsel darüber hinflog. Da aber das Leben sein eigenes Bildnis sah, verstummte es und wagte nicht, zu reden. Ja, alles Leben gehörte ihm zu eigen, von dem Händler auf dem Markte bis zum Hirten, der im Mantel auf dem Hügel lag, von den Nymphen im Lorbeerbusch und dem Faun, der am Nachmittage die Flöte bläst, bis zu dem König, den auf ölglänzenden Schultern in langer, grünverhangener Sänfte Sklaven trugen und mit Pfauenwedeln fächelten. Männer und Frauen, auf deren Antlitz Schmerz oder Freude lag, zogen vor ihm vorüber. Er sah sie, und ihr Geheimnis ward das seine. Durch Form und Farbe schuf er eine Welt. Aber auch die kleinste Kunst war sein Reich. Er hielt die Gemme gegen das wirbelnde Rad, der Amethyst ward zum purpurnen Lager des Adonis, und quer durch den geäderten Sardonyx jagte Artemis mit ihren Rüden. Er hämmerte Rosen aus Gold und wand sie zusammen zum Halsschmuck oder zur Armspange. Er hämmerte goldene Kränze für des Siegers Helm oder Flimmerbesatz für tyrische Kleider oder Totenmasken der Könige. Auf dem Gehäuse des silbernen Spiegels grub er Thetis ein, die die Nereïden halten, oder die liebeskranke Phaidra mit ihrer Amme oder Persephone, die, des Gedenkens müde, Mohnköpfe in ihre Haare flicht. In seinem Schuppen saß der Töpfer, und unter seinen Händen wuchs die Vase von der stillen Scheibe empor. Fuß und Stiel und Henkel zierte er dann mit Mustern anmutiger Olivenblätter, mit großem Akanthus oder mit Reihen schwellender, überschäumender Wogen. Dann malte er rote und schwarze Gestalten: Jünglinge im Ringkampf oder im Wettlauf, Helden in voller Rüstung mit wappengeschmückten Schildern und seltsamen Visieren, die auf muschelförmigem Wagen stehen und sich über die bäumenden Rosse beugen, Götter beim Mahl oder Wunder verrichtend, Heroen in ihrem Siegesglanz und in ihren Leiden. Oder er ätzte mit dünnen roten Linien auf weißem Grunde den harrenden Bräutigam ein und die Braut und Eros, der sie umflattert gleich einem Engel Donatellos, – ein kleines, lachendes Wesen mit goldenen oder blauen Flügeln. Auf die gewölbte Seite schrieb er dann wohl den Namen seines Freundes, und die Worte **ΚΑΛΟΣ ΑΛΚΙΒΙΑΔΗΣ** [Schön ist Alkibiades] oder **ΚΑΛΟΣ ΧΑΡΜΙΔΗΣ** [Schön ist Charmides] erzählen uns die Geschichte seiner Tage. Aber auf dem Rand der weiten, flachen Schale zeichnete er den rasenden oder den ruhenden Löwen, wie seine Phantasie es wollte. Von dem zierlichen Salbfläschchen lacht Aphrodite uns an, die sich schmückt, und, umgeben von nackten Mänaden, tanzt Dionysos mit bloßen, weinfeuchten Füßen um den Mischkrug, während gleich einem Satyr der alte Silen sich auf schwellenden Fellen spreizt oder den magischen Thyrsos schwingt, den ein verwitterter Tannenzapf krönt und dunkles Efeulaub umwindet. – Und niemand kam, den Künstler in seinem Werk zu stören. Kein leichtfertiges Geschwätz verwirrte ihn. Er wurde nicht durch Meinungen belästigt. Am Ilyssos, mein lieber Gilbert, gab es keine törichten Kunstkongresse, die den Provinzen den Provinzialismus brachten und die Mittelmäßigkeit lehrten, wie sie schelten konnte. Am Ilyssos gab es keine langweiligen Kunstzeitschriften, in denen die Unermüdlichen von Dingen schwätzten, die sie nicht verstehen. An den schilfbewachsenen Ufern jenes kleinen Flusses machte sich kein Journalismus lächerlich, indem er die Stimme des Urteils für sich in Anspruch nahm, während er im Dock sein Daseinsrecht zu beweisen hätte. Die Griechen kannten keine Kunstkritik.

Gilbert

Mein lieber Ernest, du bist köstlich; aber deine Ansichten sind schrecklich verkehrt. Ich fürchte, du hast auf die Reden eines Älteren gehört. Das ist immer gefährlich, und wenn du es zur Angewohnheit werden läßt, so wirst du finden, daß es jede geistige Entwicklung hemmt. Es ist nicht meine Sache, den Journalismus zu verteidigen. Er rechtfertigt sich selbst nach dem großen Darwinschen Gesetz der Auslese: das Gemeinste überlebt. Ich habe es nur mit der Literatur zu tun.

Ernest

Und welcher Unterschied herrscht zwischen Journalismus und Literatur – ?

Gilbert

Oh, die Journalisten kann man nicht lesen, und die Literatur liest man nicht. Das ist der ganze Unterschied. Aber diese Behauptung, die Griechen hätten keine Kunstkritik gehabt – dessen sei versichert – ist einfach widersinnig. Man könnte richtiger sagen: die Griechen waren ein Volk von Kunstrichtern.

Ernest

Wirklich?

Gilbert

Ja, ein ganzes Volk von Kunstrichtern. Doch ich möchte die köstliche Phantasie nicht vernichten, die du von den Beziehungen hellenischer Künstler zum kritischen Geist ihrer Zeit entworfen hast. Ausführlich zu schildern, was sich nie ereignete, ist nicht nur die Aufgabe des Geschichtsschreibers, sondern das unveräußerliche Recht jedes Kulturmenschen. Ich denke noch weniger daran, Gelehrsamkeit auszukramen. Das ist entweder Anmaßung des Narren oder der Beruf der geistig Untätigen. Die sogenannte bildende Unterhaltung aber ist nichts als ein törichter Versuch noch törichterer Philanthropen, den gerechten Groll der niedrigsten Gesellschaftsschichten zu entwaffnen. – Nein! Ich will dir einen tollen scharlachnen Übermut Dvořáks spielen. Die bleichen Gebilde der Teppiche lächeln uns an, und die schweren Lider meines Bronce-Narkissos sind zum Schlafe geschlossen. Laß uns nicht so feierlich reden. Ich weiß nur zu gut, daß wir in einer Zeit leben, wo nur die ödesten Köpfe ernst genommen werden, und ich lebe in ewiger Furcht, man könnte mich einmal *nicht* mißverstehen. Bringe mich nicht in die erniedrigende Lage, dir nützliche Belehrung geben zu müssen. Unterricht ist etwas Wundervolles. Aber von Zeit zu Zeit sollte man sich daran erinnern, daß nichts wissenswert ist, was man lehren kann. – Durch die Spalte der Vorhänge sehe ich den Mond wie ein ausgeschnittenes Stück Silber. Gleich goldenen Bienen umschwärmen ihn die Sterne, und der Himmel ist ein harter, hohler Saphir. Laß uns in die Nacht hinausgehen. Denken ist herrlich – aber herrlicher ist das Abenteuer. Wer weiß? Vielleicht treffen wir sogar Prinz Florizel von Böhmen und hören die schöne Cubanerin, die uns zuruft, sie sei nicht, was sie scheine.

Ernest

Du bist furchtbar launisch. Ich bestehe darauf, mit dir über dieses Thema zu reden. Du sagtest, die Griechen seien ein Volk von Kunstrichtern gewesen. Was haben sie uns an Kunstkritik überliefert?

Gilbert

Mein lieber Ernest! Wäre auch nicht das kleinste Stück von

Kunstkritik aus hellenischer oder hellenistischer Zeit auf uns gekommen, es wäre darum nicht minder wahr, daß die Griechen ein Volk von Kunstrichtern waren. Sie haben die Kunstkritik erfunden, wie sie jede Kritik erfanden. Denn was verdanken wir im Grunde den Griechen? Doch wohl den kritischen Geist! Und diesen kritischen Geist, den sie in Fragen der Religion und Wissenschaft, der Ethik und Metaphysik, der Politik und Erziehung betätigten, ihn wandten sie auch auf die Kunst an. Ja, in den beiden höchsten und wichtigsten Künsten haben sie uns das fehlerloseste kritische System hinterlassen, das die Welt je gesehen hat.

Ernest

Und was nennst du die höchsten und wichtigsten Künste?

Gilbert

Das Leben und das Schrifttum. Das Leben und den höchsten Ausdruck des Lebens. – Die Grundsätze des Lebens, wie sie Griechen aufstellten, können wir nicht mehr befolgen; denn wir leben in einer Zeit, die durch falsche Ideale verderbt ist. Die Grundsätze, die sie für das Schrifttum aufstellen, sind oft so fein, daß wir sie kaum verstehen. Sie erkannten, daß die vollkommenste Kunst die ist, die das Leben in all seiner unendlichen Mannigfaltigkeit widerspiegelt. Daher brachten sie die Kritik der Sprache – betrachtet einzig als Werkzeug jener Kunst – auf eine Höhe, die wir mit unserem Betonungssystem, das sich auf sinngemäßen oder durch die Gefühlsstärke bedingten Nachdruck stützt, kaum – wenn überhaupt – erreichen können. Sie studierten, um ein Beispiel zu geben, den rhythmischen Gesang der Prosa so wissenschaftlich, wie ein moderner Musiker Harmonielehre und Kontrapunkt studiert, und zwar – das brauche ich kaum zu sagen – mit einem viel schärferen ästhetischen Instinkt. Sie hatten recht darin, wie sie in allem recht hatten. Seit der Erfindung des Drucks, und seit sich die schlimme Gewöhnung des Lesens in den mittleren und unteren Schichten des Volkes verbreitet hat, wendet sich das Schrifttum immer mehr ans Auge und immer weniger ans Ohr. Und doch ist gerade das Ohr der Sinn, dem es – vom Standpunkte der Kunst aus betrachtet – gefallen sollte, und dessen Gesetzen gefälliger Schönheit es sich zu fügen hätte. Selbst die Bücher Paters, der doch wohl der größte lebende Meister englischer Prosa ist, gleichen oft eher einem Mosaik als einem musikalischen Satz. Hier und da entbehren sie des wahren rhythmischen Lebens in der Wortfolge, und sie ermangeln jener feinen Freiheit und jener Stärke der Wirkung, die ein solches rhythmisches Leben hervorruft. Freilich! Wir haben ja das Schreiben zur endgültigen Methode künstlerischen Schaffens gemacht. Die Griechen behandelten es im Gegenteil nur als eine Form der Aufzeichnung. Ihr Prüfstein war stets das gesprochene Wort in seinen rhythmischen und musikalischen Werten. Die Stimme war der Träger der Mitteilung, das Ohr der Kritiker. Ich habe oft darüber nachgedacht, ob nicht die Erzählung von der Blindheit Homers nur ein künstlerischer Mythos sei, den man in kritischen Tagen schuf. Er sollte uns nicht nur daran mahnen, daß ein großer Dichter immer zugleich ein Seher ist, der weniger mit den Augen des Körpers als mit den Augen der Seele sieht, sondern auch daran, daß er ein wahrer Sänger ist, der seinen Gesang aus Tönen baut und jeden Vers so lange wiederholt, bis er das Geheimnis seiner Melodie erfaßt hat und im Dunkel Worte singt, deren Flügel aus Licht gewoben sind. Sicher war bei Englands großem Dichter seine Blindheit eine, wenn nicht *die* Ursache für den majestätischen Gang und tönenden Glanz seiner späteren Verse. Als Milton nicht mehr schreiben konnte, da hub er an zu singen. Erst als er blind war, schuf er, wie alle schaffen sollten, nur mit der Stimme. So wurde, was in früheren Tagen ein Rohr oder eine Flöte war, zu der gewaltigen, vielstimmigen Orgel, dessen reiche, widerhallende Tonfülle ganz die Majestät homerischer Verse zeigt, wenn sie auch auf die Leichtigkeit und Beweglichkeit jener verzichtet. Sie ist das unverlierbare Erbe englischer Dichtung geworden. Sie tönt durch alle Zeiten, weil sie *über* ihnen tönt. Sie verharrt ewig bei uns, weil sie unsterblich ist in ihrer Form. Ja, das Schreiben hat dem Schrifttum viel geschadet. Wir müssen zur Stimme zurück, sie muß unser Prüfstein werden. Dann werden wir vielleicht einige der Feinheiten griechischen Kunstrichtertums würdigen können.

Jetzt können wir es nicht. Bisweilen, wenn ich ein Stück Prosa geschrieben habe und bescheiden genug bin, es für fehlerlos zu zu halten, überkommt mich plötzlich der schreckliche Gedanke, ich könnte mich einer verpönten Weichlichkeit schuldig gemacht und trochäische oder tribrachische Rhythmen gebraucht haben. Diese Verbrechen geißelt mit gerechter Strenge ein gelehrter Kritiker der Augusteischen Zeit an dem glänzenden und ein wenig paradoxen Hegesias. Mich überläuft es kalt bei dem bloßen Gedanken, und dann frage ich mich, ob der ganze moralische Einfluß jenes Schriftstellers, der kürzlich ohne Erbarmen für die Ungebildeten behauptete, drei Viertel des Lebens lägen im Betragen, eines Tages verlorengehen könnte, wenn man entdeckte, daß er seine Pläne falsch stellte.

Ernest

Ah, jetzt wirst du aber zynisch.

Gilbert

Wer sollte nicht zynisch werden, wenn man ihm in allem Ernst sagt, die Griechen hätten keine Kunstkritik gekannt? Ich würde es verstehen, wollte jemand behaupten, die schöpferische Kraft der Griechen habe sich in der Kritik aufgerieben, aber ich verstehe nicht, daß das Volk, dem wir den kritischen Geist verdanken, keine Kritik gekannt haben soll. Du wirst von mir nicht verlangen, dir einen Überblick über die griechische Kunstkritik von Plato bis Plotinus zu geben. Dazu ist die Nacht zu schön, und wenn der Mond uns hörte, er würde noch mehr Asche auf sein Haupt streuen. Aber denke doch nur an das kleine Stück Vollkommenheit ästhetischer Kritik, an Aristoteles' Poetik! Es ist unvollkommen in der Form, denn es ist schlecht geschrieben. Vielleicht sind es nichts als kurze Notizen, hingeworfen für eine Vorlesung über die Kunst, vielleicht sind es lose Fragmente eines größeren Buches. Aber in Haltung und Methode ist es geradezu vollkommen. Den ethischen Einfluß der Kunst, ihre Bedeutung für die Kultur und die Wichtigkeit für die Bildung des Charakters – das hatte Plato für alle Zeiten abgetan. Hier wird die Kunst nicht vom Standpunkte der Moral aus betrachtet, sondern vom Standpunkte der Ästhetik. Natürlich hatte auch Plato vieles rein Künstlerische behandelt, wie die Bedeutung der Einheit in einem Kunstwerk, ihre Notwendigkeit für Einheit und Harmonie, den ästhetischen Wert der Erscheinungswelt, die Beziehungen von Dichtung und Wahrheit. Vielleicht erregte er zuerst in des Menschen Seele jene Sehnsucht, die noch immer keine Erfüllung fand, die Sehnsucht, zu erfahren, was die Schönheit mit der Wahrheit verbindet, um die Stellung zu erkennen, die die Schönheit in der moralischen und vernünftigen Ordnung des Kosmos einnimmt. Mögen auch die Probleme des Idealismus und Realismus in der metaphysischen Welt abstrakten Seins, wo er sie aufstellt, manchem leer und ergebnislos erscheinen, aber übertrage sie auf die Welt der Kunst und du wirst finden, daß sie noch immer lebendig und voll Sinn und Bedeutung sind. Es könnte sein, daß Plato als Kritiker der Schönheit eine Zukunft hat, und daß wir eine neue Philosophie fänden, wenn wir seiner Gedankensphäre einen neuen Namen gäben. Aristoteles jedoch hatte es wie Goethe mit der Kunst in ihren wirklichen Daseinsformen zu tun. Er nimmt zum Beispiel die Tragödie, untersucht ihr Werkzeug, die Sprache; ihren Gegenstand, das Leben; die Art ihres Ganges, nämlich die Handlung; die Bedingungen ihrer Offenbarung, nämlich die Darstellung auf einem Theater; ihren logischen Bau, die Verwicklung, und ihre endliche ästhetische Wirkung, die sich an den Schönheitssinn wendet und durch Erregung von Schrekken und Mitleid erreicht wird. Jene Reinigung und Vergeistigung der Natur, die er Κάϑαρσις [Katharsis] nennt, ist wesentlich ästhetischer Natur. Das sah schon Goethe. Sie liegt nicht auf sittlichem Gebiet, wie Lessing glaubte. Aristoteles beschäftigt sich in erster Linie mit dem Eindruck, den ein Kunstwerk hervorruft. Er zergliedert diesen Eindruck, um seine Ursache zu finden und zu erkennen, wie er zustande kommt. Er weiß als Physiologe und Psychologe, daß eine Kraft nur gesund bleibt, wenn sie ausgelöst und geübt wird. Den Keim einer Leidenschaft in sich bergen und sie nicht auslösen, das heißt, sich selbst begrenzen und verstümmeln. Das mimische Schauspiel des Lebens, das die Tragödie uns bietet, reinigt die Brust von vielem ›verderblichen Stoff‹. Sie bietet den Gefühlen große und würdige Gegenstände, und so reinigt und vergeistigt sie den Menschen. Ja, sie vergeistigt ihn nicht nur, sondern weiht ihn auch ein in edle Empfindungen, die ihm bisher vielleicht unbekannt waren. Denn mir schien oft, das Wort Κάϑαρσις habe eine ganz bestimmte Beziehung zum Akt der Einweihung, wenn das nicht gar, wie ich bisweilen glauben möchte, an dieser Stelle seine wahre und einzige Bedeutung ist. Natürlich ist dies nur ein Umriss des Buches. Aber du siehst, welch vollkommenes Stück Kunstkritik wir hier haben. Und in der Tat: hätte jemand, der kein Grieche war, die Kunst so gut zergliedern können? Nach dem Lesen wundert man sich nicht mehr darüber, daß Alexandria in solchem Umfange die Kunstkritik pflegte, und daß die künstlerischen Geister jener Zeit jede Frage des Stils und des Ausdrucks untersuchten, daß sie über die großen akademischen Malerschulen stritten, über die Schule von Sikyon, die die würdigen Überlieferungen alten Stiles zu bewahren trachtete, oder über die Naturalisten und Impressionisten, die danach strebten, wirkliches Leben wiederzugeben, oder über die idealisierenden Züge im Porträt, oder den Wert des Epos in einer so fortgeschrittenen Zeit, wie es die ihrige war, oder über das eigentliche Schaffensgebiet des Künstlers. Oh, ich fürchte, auch die unkünstlerischen Geister jener Tage machten sich in Kunst und Schrifttum breit. Denn die Anklagen wegen Plagiats nahmen kein Ende, und solche Anklagen fließen entweder von den dünnen, farblosen Lippen der Impotenz oder aus den komischen Mäulern solcher, die nichts Eigenes zu sagen haben, aber die da meinen, sie könnten in den Ruf des Reichtums kommen, wenn sie hinausposaunen, man habe sie bestohlen. Und ich versichere dich, Ernest, die Griechen schwätzten ebensoviel über die Maler, wie wir es heute tun. Sie hatten ihre Privatmeinungen, ihre Ausstellungen (Eintritt eine Mark), ihre Kunst- und Kunstgewerbevereine, praeraphaelitischen Strömungen und ihre naturalistische Epoche, ihre Vorlesungen und Aufsätze über die Kunst, Kunsthistoriker und Archäologen und was sonst noch dazu gehört. Aber, was sage ich, selbst die Theaterdirektoren nahmen auf ihren Tournees ihre Kritiker mit und zahlten beträchtliche Honorare für Auflobungsartikel. Was überhaupt bei uns modern ist, verdanken wir den Griechen. Was bei uns veraltet ist, verdanken wir dem Mittelalter. Die Griechen haben uns das ganze System der Kunstkritik gegeben. Wie fein ihr kritischer Sinn war, das können wir aus der Tatsache schließen, daß sie, wie ich schon sagte, ihre Kritik hauptsächlich an der Sprache übten. Denn im Vergleich mit der Sprache ist das Material des Malers oder des Bildhauers beschränkt und gering.

Die Sprache hat nicht nur Töne, so lieblich wie die der Leier oder der Laute, Farben, so reich und lebendig wie irgendwelche, die die Leinwand eines Venetianers oder Spaniers zieren, plastische Form, so stark und sicher, wie sie nur je sich in Bronze oder im Stein offenbarte; ihr gehören auch Gedanken und Leidenschaften und Geistigkeit, und diese gehören ihr allein. Hätten die Griechen keine Kritik geschaffen außer ihrer Kritik der Sprache, sie blieben doch die größten Kunstrichter der Welt. Wer die Gesetze der höchsten Kunst kennt, kennt die Grundsätze aller Künste.

Aber der Mond birgt sich hinter schwefelgelben Wolken. Aus lohgelber Mähne blitzt er wie das Auge eines Löwen. Er fürchtet, ich könnte anfangen, dir von Lukian und Longin, von Quinctilian und Dionysios, von Plinius und Fronto und Pausanias zu erzählen. Denn sie alle redeten oder schrieben im Altertum über die Kunst. Aber er sei unbesorgt. Ich bin meiner Wanderung in die dunklen, dumpfen Abgründe der Tatsachen herzlich müde. Mir bleibt jetzt nur noch das göttliche einzige μονοχρονος ηδονη [ungeteilte Vergnügen] einer – neuen Zigarette. Zigaretten haben wenigstens einen Reiz: sie lassen unbefriedigt.

Ernest

Nimm eine von meinen. Sie sind recht gut. Ich beziehe sie direkt aus Kairo. Unsere Attachés taugen wenigstens dazu, ihre Freunde mit gutem Tabak zu versorgen. Und da sich der Mond verbirgt, laß uns noch ein wenig plaudern. Ich bin auch bereit, zuzugeben, daß ich in allem unrecht hatte, was ich über die Griechen sagte. Wie du sagst: sie waren ein Volk von Kunstrichtern. Ich gebe das zu, und ich bedaure sie ein wenig. Denn die schöpferische Kraft steht über der kritischen. Man kann sie eigentlich gar nicht vergleichen.

Gilbert

Der Gegensatz zwischen beiden ist ganz willkürlich. Es gibt gar kein künstlerisches Schaffen, das den Namen verdiente, ohne kritische Tätigkeit. Du sprachst vorhin von jenem feinen und zarten Sinn für Unterscheidung und Auswahl, durch den der Künstler das Leben für uns umschafft und ihm auf Augenblicke Vollkommenheit leiht. Nun, dieser Sinn für Auswahl, dieser feinfühlige Takt im Weglassen ist nichts anderes als der kritische Geist in einer seiner eigensten Offenbarungen, und wer ihn nicht besitzt, kann nie etwas Künstlerisches schaffen. Arnolds Definition der Dichtung als einer Kritik des Lebens war vielleicht nicht allzuglücklich in ihrer Form, aber sie zeigt, wie treffend er die Wichtigkeit kritischer Auswahl in allen schöpferischen Künsten erkannt hatte.

Ernest

Ich sollte meinen, daß große Künstler unbewußt arbeiten, daß sie »klüger sind, als sie ahnen«, wie Emerson einmal bemerkt, wenn ich mich recht erinnere.

Gilbert

Das ist ein Irrtum, Ernest, wirklich! All die zarte Arbeit der Phantasie ist bewußt und gewollt. Kein Dichter singt, weil er singen muß, wenigstens kein großer Dichter. Ein großer Dichter dichtet, weil er es will. So ist es jetzt, so war es stets. Wir neigen mitunter zu dem Glauben, daß die Stimmen beim Sonnenaufgang aller Dichtung einfacher, frischer, natürlicher erklangen als heute, und daß die Welt, wie sie die ersten Dichter sahen und in der sie lebten, einen eigenen dichterischen Hauch hatte und beinahe unverändert in ihre Sänge übergehen konnte. Jetzt liegt tiefer Schnee auf dem Olympos, und seine steilen, zerrissenen Hänge sind düster und unfruchtbar; aber einst, so glauben wir, streiften die Silberfüße der Musen duftigen Tau von den Blüten am Morgen, und des Abends kam Apollo und sang den Hirten im Tale. Doch da leihen wir nur entschwundenen Zeiten, was wir für uns ersehnen oder zu ersehnen vermeinen. Da geht unser historischer Sinn in die Irre. Jedes Jahrhundert, das Dichtung schafft, ist ein künstliches Jahrhundert, und was als das natürlichste und einfachste Gewächs einer Zeit erscheint, ist immer das Ergebnis bewußten Wollens. Glaube mir, Ernest, es gibt keine Kunst ohne Bewußtheit; Bewußtheit aber und der Geist der Kritik sind ein und dasselbe.

Ernest

Ich verstehe, was du meinst, und es liegt etwas Wahres darin. Nur mußt du doch zugeben, daß die großen Dichtungen der frühen Zeit, die einfachen und namenlosen Sammeldichtungen, eher das Werk der Phantasie einer Volksseele waren, als das Werk einzelner Dichter.

Gilbert

Nicht, als sie *Dichtung* wurden; nicht, als sie die schöne Form erhielten. Denn es gibt keine Kunst, wo es keinen Stil gibt, und keinen Stil, wo es keine Einheit gibt; Einheit aber schafft der einzelne. Zweifellos fand der alte Homer Balladen und Erzählungen vor wie Shakespeare Chroniken, Schauspiele, Novellen. Mit diesen arbeitete er, aber sie waren nichts als roher Stoff. Er griff sie auf und formte sie zum Sange. Sie waren aus Tönen gebaut,

. . .und also nicht gebaut,
und drum gebaut für alle Zeiten.

Je länger man das Leben und die Kunst betrachtet, um so sicherer erkennt man, wie hinter all dem Wunderbaren der einzelne steht; wie nicht der Augenblick den Menschen schafft, sondern der Mensch seine Zeit. Ja, ich möchte glauben, daß jede Sage und Legende, die uns aus dem Staunen, dem Schrecken, der Phantasie eines Stammes, eines Volkes entsprungen scheint, von allem Anfang an die Schöpfung einer einzelen Seele war. Schon die eigentümlich beschränkte Zahl von Sagen scheint mir darauf hinzuweisen. Doch laß uns nicht zu Fragen der vergleichenden Mythologie hinüberschweifen. Wir wollen uns an die Kritik halten. Und was ich klarlegen will, ist dieses: In einer Zeit, die keine Kritik kennt, ist die Kunst entweder verknöchert, an Kasten gebunden, beschränkt auf die Nachbildung feststehender Typen, oder sie fehlt ganz. Wohl gab es kritische Zeiten, die im gewöhnlichen Verstande des Wortes nicht schöpferisch waren; Zeiten, in denen des Menschen Geist die aufgespeicherten Schätze zu ordnen suchte, Gold von Silber, Silber von Blei zu sondern hatte, in denen er seine Juwelen zählte, seinen Perlen Namen gab; aber nie gab es schöpferische Zeiten, die nicht zugleich kritisch waren. Denn der kritische Geist ist es, der neue Formen schafft. Das Schaffen neigt dazu, sich zu wiederholen. Jede neue Schule, die sich erhebt, verdanken wir dem kritischen Geiste, und ebenso jede neue Gußform, die sich der Kunst darbietet. Die Kunst benützt heute tatsächlich keine Form, die nicht dem kritischen Geist Alexandrias entsprungen wäre. Dort wurden jene Formen befestigt, erfunden und vervollkommnet. Ich nenne Alexandria, und zwar nicht nur, weil dort der griechische Geist zum größten Bewußtsein kam und schließlich im Skeptizismus und in der Theologie erstarb, sondern weil Rom sich nicht nach Athen, sondern eben dorthin wandte, um seine Vorbilder zu suchen, und weil denn doch im Grunde das Fortleben jeder Kultur durch das Fortleben der römischen Sprache bedingt war. Als zur Zeit der Renaissance die Sonne griechischen Schrifttums über Europa aufging, da war der Boden dafür gewissermaßen vorbereitet. Doch, um die historischen Einzelheiten abzuschütteln, die immer langweilig und meistens ungenau sind, so laß uns allgemein sagen, daß wir die Formen der Kunst dem kritischen Geist der Griechen verdanken. Ihm verdanken wir Epos und Lyrik und alle Formen des Dramas, den Schwank nicht ausgeschlossen. Ihm verdanken wir das Idyll, den Liebes- und Abenteuerroman, das Essay, den Dialog, die Rede, die Vorlesung – was vielleicht unverzeihlich ist – und alles, was wir unter dem Namen Epigramm zusammenfassen. Ja, wir verdanken ihm alles außer dem Sonett, das aber auch schon in einigen merkwürdigen Spuren dem Gedankengange nach in der Anthologie vorgebildet ist; außer der amerikanischen Presse, die nirgends ihresgleichen findet, und außer der Ballade im Talmidialekt, die unsere Tagespoeten nach dem neuesten Vorschlage eines unserer unermüdlichsten Skribenten zur Grundlage eines endgültigen und einmütigen Vorstoßes machen sollten, um zur wahren Romantik zu gelangen. Jede neuauftauchende Schule flucht der Kritik; aber ihr Dasein verdankt sie dem kritischen Geiste. Bloße schaffende Kraft neuert nicht, sondern wiederholt.

Ernest

Du sprachst von der Kritik als einem wesentlichen Teil des schöpferischen Geistes, und ich stimme dir jetzt bei. Wie aber steht es mit der Kritik ohne die schaffende Kraft? Ich habe die dumme Gewohnheit, Zeitschriften zu lesen, und mir scheint, alle moderne Kritik ist gänzlich wertlos.

Gilbert

Aber auch fast alles moderne Schaffen ist gänzlich wertlos. Mittelmäßigkeit hält der Mittelmäßigkeit die Waage; Ohnmacht klatscht ihrer Schwester Beifall: Dieses Schauspiel zeigt von Zeit zu Zeit unsere künstlerische Geschäftigkeit. Doch ich fühle, dieses Mal bin ich ein wenig ungerecht. Durchschnittlich haben sie viel mehr Kultur als die, deren Arbeiten sie besprechen müssen. Allerdings ist das ja von vornherein anzunehmen; denn die Kritik erfordert viel mehr Kultur als das Schaffen.

Ernest

Wirklich?

Gilbert

Sicher. Einen dreibändigen Roman kann jeder schreiben. Dazu braucht man weder etwas vom Leben noch von der Literatur zu wissen. Mir scheint, für den Kritiker liegt die größte Schwierigkeit darin, überhaupt irgendeinen Maßstab aufrechtzuerhalten. Wo kein Stil ist, ist natürlich jeder Maßstab unmöglich. Die armen Leute sind nur noch die Berichterstatter der literarischen Polizei. Sie zeigen die Taten der Gewohnheitsverbrecher in der Kunst an. Man sagt ihnen bisweilen nach, sie läsen die Bücher gar nicht durch, die sie besprechen sollten. Das tun sie nicht, sollten es wenigstens nicht tun. Täten sie es, sie würden ihr ganzes Leben zu Menschenhassern. Es ist auch gar nicht nötig. Um Lage und Wert eines neuen Weines zu bestimmen, braucht man kein Faß leerzutrinken. Es sollte doch leicht genug sein, nach einer halben Stunde zu entscheiden, ob ein Buch etwas taugt oder nicht. Wer Formensinn hat, hat an zehn Minuten genug. Wer möchte durch einen Band voll Langeweile waten? Man nimmt eine Probe und ist fertig, sollte ich meinen; mehr als fertig. Ich weiß wohl, daß mancher tüchtige Handlanger in der Malerei oder Literatur der Kritik ihr Daseinsrecht abspricht. Und er hat ganz recht. Sein Werk hat mit dem Geist seiner Zeit nichts zu tun. Er schafft keinen neuen Genuß. Er erobert dem Denken, der Leidenschaft, der Schönheit keine neuen Provinzen. Man sollte gar nicht von ihm reden. Man sollte ihn der Vergessenheit überlassen, die er verdient.

Ernest

Aber, mein lieber Junge – entschuldige, daß ich dich unterbreche – mir scheint, du läßt dich von deiner Vorliebe für die Kritik zu sehr fortreißen. Denn schließlich mußt du doch zugeben, daß es weit schwerer ist, etwas zu tun, als darüber zu reden.

Gilbert

Schwerer, etwas zu tun, als darüber zu reden? Aber durchaus nicht! Das ist ein grober populärer Irrtum. Es ist bei weitem schwerer, über etwas zu reden, als es zu tun. Im Kreise des wirklichen Lebens liegt das auf der Hand. Jeder kann Geschichte machen. Aber nur ein großer Mann kann Geschichte schreiben. Es gibt keine Art des Handelns, keine Form des Empfindens, die wir nicht mit den niederen Tieren gemein hätten. Nur durch die Sprache erheben wir uns über sie oder übereinander; nur durch die Sprache, die die Mutter, nicht das Kind des Gedankens ist. Handeln ist immer leicht. Ja, wo es in gedrängtester Fülle, weil ununterbrochen, auftritt – ich meine den wirklichen Fleiß –, da ist es nichts anderes als das Asyl der Leute, die gar nichts sonst zu tun haben. Nein, Ernest, sprich mir nicht vom Handeln. Das ist nichts als blinde Bewegung, die von äußeren Kräften getrieben wird, deren Wesen es nicht kennt. Handeln ist etwas wesentlich Unvollkommenes, weil es vom Zufall abhängt und seine Richtung nicht kennt, denn ewig schwankt sein Ziel. Es gründet sich auf den Mangel an Phantasie. Es ist die letzte Zuflucht derer, die nicht zu träumen wissen.

Ernest

Gilbert, du behandelst die Welt, als wäre sie eine Glaskugel. Du hältst sie in der Hand und drehst sie nach dem Willen deiner Launen. Du schreibst einfach die Geschichte neu.

Gilbert

Es ist eine der Pflichten, die die Geschichte uns auferlegt, sie neu zu schreiben. Das ist nicht die geringste Aufgabe, die des kritischen Geistes harrt. Wenn wir dereinst mit Hilfe der Wissenschaft alle Gesetze erkannt haben, die das Leben beherrschen, dann werden wir inne werden, daß nur ein Mensch mehr Illusionen hat als der Träumer: nämlich der Mensch des Handelns. Denn er kennt weder den Ursprung seiner Taten, noch ihren Ausgang. Von dem Felde, in das er Dornen zu säen vermeinte, haben wir unseren Wein geerntet, und pflanzte er, uns zu erfreuen, die Feige, so war sie unfruchtbar wie die Distel und bitterer als sie. Nur, weil die Menschheit nie wußte, wohin sie ging, hat sie noch immer vermocht, ihren Weg zu finden.

Ernest

Du meinst also, im Reiche des Handelns sei jedes Ziel eine Täuschung?

Gilbert

Schlimmeres als eine Täuschung. Lebten wir lange genug, die Erfolge unserer Taten zu sehen, es könnte sein, daß sie, die sich die Guten nennen, unter dem Alp der Gewissenspein dahinsiechten und daß die, welche die Welt die Bösen nennt, von edelster Freude durchströmt, sich erhöben. Das Kleinste, was wir tun, taucht hinab in das Räderwerk des Lebens, das unsere Tugenden zu Staub zermalmen und entwerten, das unsere Sünden zu Keimen neuer Gesittung umschaffen kann, einer Gesittung, wunderbarer und glänzender, als irgendeine vergangene war. Aber der Mensch ist der Sklave des Wortes. Er wütet gegen das, was er Materialismus nennt, und bedenkt nicht, daß noch nie ein materieller Fortschritt eintrat, der nicht die Welt auch vergeistigte, und daß es noch keine oder doch nur wenige geistige Morgenröten gab, die nicht die Kräfte der Welt in unfruchtbarer Hoffnung, nutzlosem Ringen und leeren oder verführerischen Dogmen aufrieben. Was man die Sünde nennt, ist ein wesentliches Glied in der Kette des Fortschritts. Ohne sie würde die Welt zum Sumpfe, sie würde alt und farblos. Durch ihre Einzigkeit schon vermehrt die Sünde die Erfahrung einer Rasse. Durch die starke Betonung der Individualität rettet sie uns vor der Einförmigkeit des Typus. In ihrer Verachtung der geläufigen Begriffe unserer Moral ist sie eins mit einer höheren Ethik. Und Tugend! Was heißt Tugend? Renan sagte uns, die Natur kümmere sich wenig um Keuschheit; und vielleicht verdanken unsere Lukretien ihre Fleckenlosigkeit weniger ihrer eigenen Reinheit als der Schande der Magdalenen. Mitleid schafft eine Schar von Übeln; das müssen selbst die gestehen, in deren Religion es ein wesentliches Glied ist! Das bloße Dasein des Gewissens, mit dem man heute so prahlt, auf das man heute in seiner Dummheit so stolz ist, zeigt, wie unvollkommen noch unsere Entwicklung ist. Es muß in die Instinkte hinuntertauchen, ehe wir zur wahren Feinheit kommen. Selbstlosigkeit dient einzig, des Menschen Fortschritte zu hemmen, und Selbstaufopferung ist nichts als ein Überbleibsel der Selbstverstümmelung des Wilden, ein Teil jener alten Anbetung des Schmerzes, die in der Weltgeschichte schlimme Rollen spielt und die noch jetzt ihre Opfer heischt, Tag für Tag, und ihre Altäre hat in unseren Landen. Tugend! Wer weiß, was Tugend ist! Nicht du, nicht ich! Niemand. Es ist gut für unsere Eitelkeit, daß wir den Mörder morden. Denn ließen wir ihn am Leben, er könnte sehen, was wir durch sein Verbrechen gewannen. Es ist gut für den Frieden des Märtyrers, daß er in sein Martyrium geht. So braucht er nicht das Grauen seiner Ernten zu sehen.

Ernest

Gilbert, du tönst ein wildes Lied, laß uns zu den lieblicheren Feldern der Dichtung kehren. Was sagtest du doch? Es sei schwerer, über etwas zu reden, als es zu tun.

Gilbert

(nach einer Pause)

Ja, ich glaube, ich wagte es, diese einfache Wahrheit auszusprechen. Sicherlich siehst du nun ein, daß ich recht hatte. Wenn der Mensch handelt, ist er eine Puppe. Wenn er schildert, ist er ein Dichter. Das ist das ganze Geheimnis. Es war so leicht, auf den sandigen Ebenen des sturmreichen Ilion den holzgeschnitzten Pfeil von dem bemalten Bogen zu schnellen oder den eschenen Speerschaft gegen den Schild aus Leder und flammendem Erz zu schwingen. Es war so leicht für Klytämnestra, tyrische Teppiche vor ihrem Herrn zu breiten und, da er im Marmorbade lag, ihm das purpurne Netz über das Haupt zu werfen und ihren schönen Geliebten zu rufen, daß er den Dolch durch die Maschen stieße in das Herz, das hätte in Aulis brechen müssen. Selbst für Antigone war es leicht, da der Tod als Bräutigam auf sie wartete, durch die

Luft des Mittags hinauszuziehen zum Hügel empor, um mit freundlicher Erde den armen, nackten Leichnam zu decken, der kein Grab hatte. Aber die, die über solche Dinge schrieben! Die ihnen Wirklichkeit und ewiges Leben gaben! Sind sie nicht größer als die Männer und Frauen, von denen sie singen? »Hektor, der süße Held, ist tot«, und Lucian erzählt uns, wie Menippus im finsteren Orkus den bleichenden Schädel der Helena fand und sich verwunderte, um welcher Scheußlichkeit willen so viele gehörnte Schiffe das Meer befuhren, so viele Städte im Staube lagen. Und doch tritt jeden Tag die schwanengleiche Tochter der Leda auf die Marmorzinnen und blickt hinab auf die Flut des Krieges. Graubärte staunen ob ihrer lieblichen Schönheit, und sie steht zur Seite des Königs. In seiner Halle liegt Paris, ihr Buhle, putzt die Zier seiner Rüstung und kämmt seinen Helmbusch. Mit Rittern und Pagen zieht ihr Gatte von Zelt zu Zelt. Sie sieht sein blondleuchtendes Haar und hört seine helle, kalte Stimme. Unten aber im Hofe gürtet Priamos' Sohn sich mit seinem ehernen Panzer. Um seinen Nacken schlingt Andromache die weißen Arme. Er setzt den Helm auf den Boden, damit sich ihr Kindlein nicht fürchte. Hinter den gestickten Teppichen seines Zeltes sitzt Achilles in duftigen Kleidern, indes, in Gold und Silber geharnischt, der Freund seiner Seele sich rüstet, hinaus in den Kampf zu ziehen. Aus einer seltsam geschnitzten Lade, die ihm seine Mutter Thetis zu den Schiffen brachte, nimmt der Fürst der Myrmidonen jenen geheimnisvollen Kelch, den nie eines Menschen Lippen berührten, reibt ihn mit Asche ab und kühlt ihn mit frischem Wasser. Nach der Waschung der Hände füllt er sein glänzendes Rund mit schwarzem Wein und spritzt das dicke Traubenblut auf den Boden, IHM zu Ehren, den in Dodona nacktfüßige Priester verehren; und er fleht zu ihm und weiß nicht, daß er vergeblich fleht und daß von den Händen zweier Ilischer Helden, des Panthoos-Sohnes Euphorbos, dessen Locken mit Gold durchflochten sind, und des Priamiden, des löwenbeherzten, der Freund der Freunde, Patroklos, fallen *muß*. – Phantome? Wirklich? Heroen der Berge, des Nebels Schattengebilde im Sang? Nein! Sie *sind* ! Handeln? Was ist Handeln? Es ist nichts als gemeine Anbequemung an die Tatsachen! Die *Welt* schafft der Sänger für den Träumer.

Ernest

Wenn du sprichst, scheint es mir wirklich so.

Gilbert

Es ist so, wahrlich! Auf der verwitterten Stätte Ilions liegt die Lacerte wie gegossen aus grüner Bronze. Im Palaste des Priamos baut sich die Eule ihr Nest. Über die leere Steppe ziehen Hirten mit Ziegen und Schafen, und wo auf der weinfarbenen, ölglatten See, dem οινοψ ποντος [weinfarbenen Meer], die mächtigen Galeeren der Danaer im Glanze der erzbeschlagenen Schnäbel und roten Mennigstreifen einherzogen, da sitzt jetzt der einsame Fischer im kleinen Boot und starrt auf den zitternden Kork seiner Netze. Doch jeden Morgen springen die Tore der Stadt weit auf, und heraus stürmen zu Fuß oder im rossegezogenen Wagen die Helden zur Schlacht und spotten des Feindes hinter den ehernen Helmen. Den ganzen Tag lang rast der Kampf, und kommt die Nacht, so leuchten an den Zelten die Fackeln, und der Dreifuß raucht in der Halle. Die Statuen des Marmors, die Bilder der Leinwand kennen vom Leben nur eine köstliche Minute. Sie ist ewig in ihrer Schönheit, aber gebannt in *eine* Note der Leidenschaft, in *eine* Stimmung der Ruhe. Nur, wen der Dichter zum Leben ruft, der hat seine tausend Freuden und Schrecken, der kennt Mut und Verzweiflung, Lust und Leiden. Jahreszeiten kommen und gehen im fröhlichen oder traurigen Reigen. Auf Flügeln oder auf bleischweren Füßen ziehen die Jahre vor ihnen dahin. Sie haben Jugend und Mannheit, sind Kinder und werden alt. Ewig währt die Dämmerung für die heilige Helena, wie Veronese sie am Fenster schaute. Durch die ruhige Morgenluft bringen die Engel ihr die Symbole der Leiden ihres Gottes, und der kühle Hauch hebt die goldenen Fäden von ihrer Braue. Auf jenem Hügel bei Florenz, wo Giorgiones Liebende liegen, steht ewig die Sonne im Mittag, und die Sonne des Sommers macht den Mittag so müde, daß kaum noch das schlanke, nackte Mädchen den runden Bauch des blanken Glases in den Marmorbrunnen tauchen kann und daß die schmalen Hände des Lautenspielers träg auf den Saiten ruhen. Ewig dämmert der Abend den tanzenden Nymphen Corots unter Frankreichs Silberpappeln. Sie schweben in ewigem Zwielicht, die gebrechlichen, durchsichtigen Gestalten, deren weiße, zitternde Füße das taufeuchte Gras kaum berühren.

Doch die, die im Epos, im Drama oder Romane leben, sie sehen im Wandel der Zeiten junge Monde wachsen und schwinden; sie sehen die Nacht vom Abend bis zum Morgenstern und kennen den kreisenden Tag vom Aufgang bis zum Untergang mit all seinem Glanz und Schatten. Für sie blühen und welken die Blumen wie für uns, und die Erde, die ›grünlockige Göttin‹, wechselt ihr Kleid, um sie zu erfreuen. Die Statue erstarrt in einem Moment der Vollkommenheit. Das Bild auf der Leinwand kennt weder Wachstum noch Wandel. Sie wissen nichts vom Tode, aber nur weil sie wenig vom Leben wissen, denn das Geheimnis des Lebens und Sterbens gehört denen und denen allein, die die Folgen der Zeiten erfahren, die nicht nur die Gegenwart haben, sondern die Zukunft auch, und die steigen oder fallen durch ein Vergangenes von Ruhm und Schande. Die Bewegung, das Problem der sichtbaren Künste, wird einzig zur Wirklichkeit in der Dichtung. Die Dichtung zeigt uns den Körper in seiner Bewegung und die Seele in ihrer Unruhe.

Ernest

Ja, ich verstehe, was du meinst. Aber je höher du den schaffenden Künstler stellst, um so tiefer muß doch der Kritiker stehen.

Gilbert

Warum?

Ernest

Weil das Beste, was er uns geben kann, nur ein Echo reiner Töne ist, nur ein dunkler Schatten klar gezeichneter Formen. Mag sein, daß das Leben ein Chaos ist, wie du behauptest; daß seine Martyrien gemein sind, seine großen Taten ohne Adel; mag sein, daß es Aufgabe der Dichtung ist, aus dem Rohstoff wirklichen Daseins eine neue Welt zu schaffen, die wunderbarer und dauernder ist und wahrer als die Welt, auf die unsere Augen schauen und in der die Natur zur Vollkommenheit strebt. Aber ist diese neue Welt durch den Geist und die Macht eines großen Künstlers erstanden, so ist sie vollkommen und dem Kritiker bleibt nichts zu tun. Doch mir scheint, dieser gute und schöne Grundsatz, der unsere Sorgen so sehr beruhigt und den jede Akademie der redenden Künste zu ihrem Wahlspruch machen sollte, geht nur die Beziehungen zwischen Leben und Kunst an und nicht das mögliche Verhältnis zur Kritik.

Gilbert

Aber ist denn die Kritik keine Kunst? Und noch mehr? Wie das künstlerische Schaffen die Tätigkeit des kritischen Geistes voraussetzt und ohne sie, kann man sagen, gar nicht vorhanden wäre, so ist wahrlich die Kritik schöpferisch im höchsten Sinne des Wortes. Ja, die Kritik ist sowohl schöpferisch wie unabhängig.

Ernest

Unabhängig?

Gilbert

Ja, unabhängig! Man darf die Kritik ebensowenig an dem niedrigen Maßstab der Nachahmung oder der Ähnlichkeit messen wie das Werk des Dichters oder Bildners. Der Kritiker steht dem Kunstwerk so gegenüber wie der Künstler der sichtbaren Welt der Form und der Farbe oder der unsichtbaren Welt der Leidenschaft und des Gedankens. Er braucht nicht einmal den feinsten Stoff, um zur Vollkommenheit zu kommen. Alles dient seinem Zwecke. Flaubert machte aus den unreinen oder sentimentalen Liebesgeschichten der albernen Frau eines kleinen Landarztes im schmutzigen Dorfe Yonville l'Abbaye bei Rouen ein klassisches Buch und ein Meisterwerk des Stils; und ebenso kann ein wirklicher Kritiker aus den wertlosesten Stoffen – zum Beispiel den Bildern der letzten Akademie-Ausstellung, den Gedichten von Morris, den Romanen Ohnets – sobald es ihm einfällt, seinen Blick darauf zu wenden –, ein Werk schaffen, das in Schönheit und sicherem Takt glänzend ist. Warum nicht? Langeweile lockt unwiderstehlich, selbst zu glänzen, und der Stumpfsinn bleibt ewig die Bestia triumphans, die die Weisheit aus ihrer Höhle lockt. Was ist der Stoff einem so schöpferischen Künstler wie dem Kritiker? Nicht mehr und nicht weniger als dem Dichter und Maler. Wie sie, findet er seine Anregungen überall. Wie man etwas behandelt, darauf kommt es an. Es gibt nichts, was nicht Anregung und Keime enthielte.

Ernest

Aber *ist* denn die Kritik eine schöpferische Kunst?

Gilbert

Warum nicht? Sie behandelt Stoffe und gibt ihnen eine neue und reizvolle Form. Kann man von der Dichtung mehr sagen? Ich würde die Kritik ein Schaffen aus Geschaffenem nennen. Denn wie die großen Künstler von Homer und Aeschylos bis zu Shakespeare und Keats nicht dem Leben selbst ihre Stoffe entnahmen, sondern dem Mythus, den Sagen oder alten Erzählungen, so behandelt der Kritiker Stoffe, die andere für ihn gleichsam schon gereinigt, denen sie schon Form gegeben haben. Ja, ich gehe noch weiter: Die höchste Kritik gibt die reinste Form persönlichen Eindrucks und ist also in ihrer Art schöpferischer als das Schaffen selbst. Denn sie kann an keinem äußeren Maßstab gemessen werden. Sie ist ihre eigene Ursache und ist, wie ein Grieche sagen würde, in sich und für sich ein Ziel und Ende. Sie ist durch keine Fesseln der Wahrscheinlichkeit gebunden. Keine gemeine Berechnung der Möglichkeit, jene feigen Rücksichten im langweiligen Kreislauf des wirklichen Lebens, gehen sie an: Man kann von der Dichtung an die Welt der Tatsachen appellieren. Über der Seele gibt es keine Instanzen.

Ernest

Über der Seele?

Gilbert

Ja, über der Seele. Denn die höchste Kritik ist nichts anderes als ein Erzählen von seiner eigenen Seele. Sie ist bezaubernder als die Geschichte; denn sie befaßt sich nur mit dem Innern *eines* Menschen. Sie ist reizvoller als die Philosophie, da ihr Gegenstand kein abstrakter, sondern ein wirklicher ist, kein schweifend verschwimmender, sondern ein greifbarer. Sie ist die einzige würdige Form der Autobiographie; denn sie behandelt nicht die Ereignisse, sondern die Gedanken eines Lebens, nicht die Zufälligkeiten des Lebens, Taten oder Umstände, sondern die Stimmungen des Geistes und die unwirklichen Leidenschaften der Seele. – Mich belustigt immer die Eitelkeit unserer Schriftsteller und Künstler, die da meinen, es sei des Kritikers erste Aufgabe, über ihr wertloses Zeug zu schwätzen. Das Beste, was von dem größten Teil moderner Kunst zu sagen wäre, ist etwa, daß sie ein ganz klein wenig weniger gemein ist als die Wirklichkeit; der Kritiker aber mit seinem feinen Gefühl für Unterschiede und seinem sicheren Sinn für die zartesten Abstufungen wendet sich fort vom Chaos und Lärm des wirklichen Lebens und schaut in den silbernen Spiegel oder durch den gewobenen Schleier, wenn auch der Spiegel getrübt, der Schleier zerrissen ist. Er hat nur *ein* Ziel: Eindrücke seiner Seele zu schildern. Für ihn werden Gemälde gemalt, Bücher geschrieben, Bilder aus dem Stein geschlagen.

Ernest

Mir scheint, ich hörte schon eine andere Theorie der Kritik.

Gilbert

Oh ja: Und das Gedächtnis dessen, der sie aussprach, ehren wir alle! Denn die Töne seiner Flöte lockten einst Proserpina von ihren sikilischen Feldern fort, so daß ihre weißen Füße – und nicht vergeblich – Cumnors Wiesenblüten bewegten. Aber wenn er sagte: das eigentliche Ziel der Kritik sei, die Dinge zu sehen, wie sie wirklich sind, so war das ein erster Irrtum, so kannte er nicht die Kritik in ihrer vollkommenen Gestalt, die wesentlich subjektiv ist und nur ihr eigenes Geheimnis, nicht das Geheimnis anderer zu offenbaren sucht. Denn die höchste Kritik kümmert sich um die Kunst nur insofern, als sie Eindrücke schafft, nicht, soweit sie etwas auszudrücken versucht.

Ernest

Aber ist das wirklich richtig?

Gilbert

Natürlich! Wer kümmert sich darum, ob Ruskins Ansichten über Turner richtig sind oder nicht? Was geht das uns an? Seine gewaltige und königliche Sprache, glühend und farbenprangend im Adel ihrer Redekunst, reich und stark in ihren kunstvollen symphonischen Klängen, sicher und unfehlbar in der feinen Wahl von Wort und Beiwort – sie ist als Kunstschöpfung nicht minder groß als irgendein herrlicher Sonnenuntergang, der in Englands Sammlungen auf verdorbener Leinwand bleicht oder fault. Ja, sie ist größer, sollte man manchmal meinen, nicht nur, weil ihre ebenbürtige Schönheit dauernder ist, sondern weil sie uns stärker und mannigfaltiger *bewegt*. Denn in jenen langen, rhythmisch rollenden Zeilen spricht Seele zu Seele, und nicht nur durch Form und Farbe, sondern durch Geist und Leidenschaft, durch erhabenes Pathos und erhabenere Gedanken, durch anschauende Einsicht und dichterische Absicht. Sie ist größer, denke ich, schon weil die Kunst der Rede die größere Kunst ist. Und ferner: Wer kümmert sich darum, ob Pater in die Züge der Mona Lisa hineinsah, wovon Leonardo nie träumte? Mag sein, daß der Maler einzig der Sklave eines archaischen Lächelns war, wie manche glauben; doch immer, wenn ich durch die kühlen Gänge des Louvre gehe und stille stehe vor jener seltsamen Gestalt, die in ihrem Marmorsessel ruht, in jenem erhabenen Rund phantastischer Felsen, wie im bleichen Lichte auf Meeresgrund, dann flüstere ich: »Ja, sie ist älter als die Felsen, die sie umgeben; gleich dem Vampyr ist sie gestorben, viele Male, und sie erfuhr des Grabes Geheimnisse; und sie war ein Taucher in tiefe Meere und bewahrt um sich ihren sinkenden Tag; und sie feilschte um seltene Gewebe mit Händlern des Ostens; und sie war als Leda Mutter der Ilischen Helena, und sie war als Anna die Mutter Marias; und all das war ihr nichts als ein Ton von Flöten und Leiern und lebt nur in den leichten Furchen, die über die wechselnden Züge zogen und Stirn und Hand berührten.« Und ich sage zu meinem Freunde: »Das Wesen, das sich so seltsam neben den Wassern erhob, sagt uns, was wir Menschen nach Jahrtausenden der Wanderung endlich ersehnen;« und er antwortet: »Auf ihr Haupt fiel jedes Ende der Welt, und nun sind ihre Augen ein wenig müde.« So wird das Bild uns wunderbarer, als es ist, und offenbart uns Geheimnisse, die es nicht kennt, und die Klänge mystischer Reden sind unseren Ohren so süß wie die Klänge des Flötenspielers, der den Lippen der Gioconda ihre feinen, verderblichen Linien lieh. Und fragst du mich, was Leonardo sagen würde, erzählte ihm jemand: Alles Denken und alle Erfahrung der Welt hätten mit dem, was sie geben konnten, mitgearbeitet und geformt, um die äußere Bildung zu verfeinern und ausdrucksfähig zu machen, Griechenlands reine Menschlichkeit, Roms Lüste, das Träumen des Mittelalters mit seinem geistlichen Streben und seiner unirdischen Liebe, die Rückkehr der heidnischen Welt und die Sünden der Borgia – ? Er würde wohl antworten, er habe nichts dergleichen gewollt; er habe sich einfach um gewisse Verbindungen von Linien und Massen bemüht und um neue und seltene Farbeneinklänge von Blau und Grün. Und eben darum ist solche Kritik die höchste Kritik. Ihr ist das Kunstwerk nur der Ausgangspunkt für eine neue Schöpfung. Sie beschränkt sich nicht – nehmen wir es wenigstens einmal an – darauf, die wirkliche Absicht des Künstlers zu finden und darin ihr endliches Ziel zu sehen. Doch das ist ihr Recht. Denn die Bedeutung einer schönen Schöpfung liegt mindestens ebensosehr in der Seele dessen, der sie betrachtet, wie in der Seele dessen, der sie erschuf. Ja, es ist einzig der Betrachter, der dem Schönen seine tausend Bedeutungen leiht und es für uns zum Wunderwerk macht. Denn er verbindet es von neuem mit unserer Zeit, so daß es ein Glied unseres Daseins wird und ein Symbol dessen, um was wir flehen, oder dessen, was wir durch unser Flehen zu erlangen uns fürchten. Je länger ich mich umsehe, Ernest, um so klarer erkenne ich, daß die Schönheit sichtbarer Künste, wie die der Musik, hauptsächlich in den Eindrücken liegt, die sie schafft, und daß sie durch gedankliche Absicht des Künstlers leicht zerstört werden kann und leider oft zerstört wird. Denn wenn das Werk vollendet ist, führt es ein Leben für sich und kann ganz andere Botschaften künden, als ihm der Künstler auf die Lippen legte. Wenn ich das Tannhäuser-Vorspiel höre, erscheint mir bisweilen, ich sähe wirklich den stattlichen Ritter zart auf die geblümte Wiese treten, und ich höre die Stimme der Venus, die aus der Berghöhle nach ihm ruft. Doch ein andermal redet sie mir von tausend anderen Dingen, von mir vielleicht, von meinem Leben oder vom Leben derer, die ich liebte, und die zu lieben ich müde ward, oder von Leidenschaften, die der Mensch nicht kannte und also suchte. Heute füllt sie mich mit jener ΕΡΩΣ ΤΩΝ ΑΔΥΝΑΤΩΝ [Liebe zum Unmöglichen], jener Amour de l'Impossible, die manchen gleich einem Wahnsinn befällt, der eben noch meinte, sicher und jedem Übel unerreichbar zu leben, so daß er nun plötzlich am Gift unstillbarer Sehnsucht erkrankt und, indem er ewig verfolgt, was er nie erreichen kann, ermattet hinsiecht oder gewaltsam stürzt. Morgen vielleicht übt sie gleich jenen Tönen, von denen Plato und Aristoteles reden, gleich der edlen dorischen Musik, das Amt des Arztes und leiht uns ein Mittel gegen den Schmerz und heilt die Wunden des Geistes und »gibt der Seele den Einklang mit allen rechten Dingen«. Und was für die Tonkunst gilt, das gilt für alle Künste. Die Schönheit hat so viele Bedeutungen, wie der Mensch Stimmungen hat. Die Schönheit ist das Symbol der Symbole. Die Schönheit offenbart *alles*, weil sie nichts ausdrückt. Zeigt sie sich selbst, so zeigt sie die ganze Welt in ihren Feuerfarben.

Ernest

Aber ist denn, wovon du redest, wirklich Kritik?

Gilbert

Es ist die höchste Kritik. Denn es handelt nicht vom einzelnen Kunstwerk, sondern von der Schönheit selbst, und füllt ein Gefäß mit Wundern, das der Künstler vielleicht leer ließ oder nicht verstand oder unvollkommen verstand.

Ernest

Also wäre die höchste Kritik schöpferischer als das Schaffen, und ihre erste Aufgabe wäre, die Dinge zu sehen, wie sie an sich nicht sind; das ist deine Theorie, wie ich glaube.

Gilbert

Ja, das ist meine Theorie. Für den Kritiker ist das Kunstwerk nur der Ausgangspunkt für ein neues, eigenes Werk, das nicht notwendig irgendeine sichtbare Ähnlichkeit mit dem besprochenen Werke zu haben braucht. Das wichtigste Merkmal der schönen Form ist, daß man hineinlegen kann, was man will, und in ihr sehen, was man zu sehen wünscht. Die Schönheit aber, die der Schöpfung ihren allgemeingültigen ästhetischen Wert verleiht, macht wieder den Kritiker zum Schaffenden und raunt ihm tausend Dinge zu, an die nicht dachte, wer die Statue meißelte, das Bild malte, die Gemme schnitt.

Es gibt Menschen – und sie verstehen weder das Wesen der höchsten Kritik, noch den Zauber höchster Kunst – die behaupten, der Kritiker schreibe am liebsten über Bilder, die Anekdoten oder der Dichtung und Geschichte entnommene Szenen darstellen. Aber das ist falsch. Solche Gemälde sind viel zu verständlich. Als Gesamtheit stehen sie nicht höher als Illustrationen, und selbst als solche betrachtet sind sie verfehlt, da sie die Phantasie nicht anregen, sondern endgültig eindämmen. Denn, wie ich vorher sagte: das Reich des Malers ist ein anderes als das des Dichters. Diesem gehört das Leben in voller Ganzheit; nicht nur die Schönheit, die wir sehen, sondern auch die Schönheit, die wir hören; nicht nur die vergängliche Anmut der Form, nicht das flüchtige Lachen der Farbe, sondern die ganze Stufenleiter des Empfindens, der volle Umkreis des Denkens. Das aber ist die Grenze, die dem Maler gesetzt ist: er kann uns die Geheimnisse seiner Seele nur durch die Maske der Form zeigen; nur durch überlieferte Typen kann er Ideen verkörpern; und für die Offenbarung seiner Seelenkunde braucht er immer die körperliche Welt als Ausdrucksmittel. Und wie schlecht sind seine Ausdrucksmittel! Er mutet uns zu, am zerrissenen Turban des Mohren die stolze Wut eines Othello zu erkennen oder in einem Irren im Sturm den rasenden Wahnsinn Lears. Und trotzdem scheint es, als könne man ihnen nicht Einhalt gebieten. Die meisten unserer älteren Maler bringen ihr traurig verlorenes Leben damit zu, Diebstähle im Lande der Dichtung zu begehen; sie verderben ihre Stoffe durch plumpe Behandlung und quälen sich ab, in sichtbarer Form das Wunder des Unsichtbaren, den Glanz des Niegesehenen darzustellen. Die Folge ist: Sie sind langweilig, tödlich langweilig. Sie haben die sichtbaren Künste zu deutlichen erniedrigt, und das einzige, was keines Blickes wert ist, ist das Deutliche. Ich sage nicht, daß Dichter und Maler nicht den gleichen Stoff behandeln dürften. Das haben sie immer getan und werden es immer tun. Doch wenn der Dichter je nach Willen malerisch sein kann oder nicht: der Maler muß immer malerisch sein. Denn das Reich des Malers ist begrenzt; und zwar nicht nur auf das, was er in der Natur sieht, sondern auf das, was auf der Leinwand sichtbar werden kann.

Daher werden den Kritiker solche Bilder nicht fesseln. Er wendet sich ab von ihnen und solchen zu, die ihn sinnen und träumen und dichten machen, zu Werken, die die geheime Kraft der Anregung besitzen und uns zu sagen scheinen: Auch von uns aus gibt es eine Flucht in die weite Welt. Man hat wohl gesagt, die Tragödie eines Künstlerlebens liege darin, daß er sein Ideal nicht verkörpern könne. In Wahrheit ist die Tragödie der meisten Künstler die, daß sie ihr Ideal zu deutlich verkörpern. Denn sobald ein Ideal verkörpert ist, fällt alles Wunder und alles Geheimnis von ihm ab; es bleibt nichts als ein neuer Ausgangspunkt für ein neues Ideal. Daher ist die Musik der vollkommenste Typus der Kunst. Die Musik verrät nie ihr letztes Geheimnis. Das erklärt auch den Wert aller Beschränkungen in der Kunst. Gern verzichtet der Bildner auf die Täuschung der Farbe, der Maler auf die wirkliche Größe der Form. Denn durch solches Verzichten können sie die allzu deutliche Wiedergabe des Wirklichen meiden, die nur Nachahmung wäre, und auch die allzu klare Verkörperung ihrer Idee, die sich ausschließlich an den Verstand wendet. Gerade durch ihre Unvollkommenheit wird die Kunst in Schönheit vollkommen. Sie wendet sich nicht an die Fähigkeit des Wiedererkennens, nicht an Vernunft und Verstand, sondern einzig an den ästhetischen Sinn, welcher Vernunft und Verstand als Stufen der Wahrnehmung braucht, aber beide dem reinen, aufbauenden Eindruck des Kunstwerkes als Ganzem unterordnet. Mag auch das Werk noch andere fremde Elemente der Erregung besitzen, er ergreift ihre Vielfältigkeit nur als ein Mittel, dem letzten Eindruck eine reichere Einheit zu leihen. Du siehst also: der feinfühlige Kritiker wird jene aufdringlichen Kunstarten ablehnen, die nur *eine* Botschaft zu bringen haben und nachher stumm und unfruchtbar sind. Er sucht nach einer Kunst, die durch ihre unirdische Schönheit jede Deutung als wahr, aber keine Deutung als endgültig erscheinen läßt. Allerdings wird das schöpferische Werk des Kritikers dem Werk, das ihn zum Schaffen anregte, in gewissem Sinne gleichen, aber nicht wie die Natur dem Spiegelbilde gleicht, das der Maler ihr in Landschaften oder Gestalten entgegenhält, sondern wie die Natur dem Werke des schmückenden Künstlers gleicht. Wie auf den blumenlosen Teppichen Persiens Tulpen und Rosen wahrhaft blühen und lieblich anzuschauen sind, ob sie gleich weder in Form noch Linie sichtlich nachgebildet wurden; wie die Perlen und der Purpurglanz der Muscheln des Meeres ihr Echo finden im Dome von San Marco; wie das gewölbte Gebälk im Wunderbau von Ravenna strahlt und gleißt vom Gold und Grün und Blau des Pfauenschweifes, ob auch die Vögel der Juno es nicht im Fluge queren; so schafft der Kritiker nach dem Werke, das er bespricht, doch ohne es nachzuahmen. Ja, ein Teil des Zaubers, den er ausübt, liegt gerade darin, daß er den Anklang meidet und so nicht nur die Schönheit deutet, sondern ihr Geheimnis zeigt; und indem er jede Kunst in die Rede überträgt, löst er für immer das Problem der Einheit der Kunst. – Doch wie ich sehe, ist es Zeit zum Essen. Jetzt wollen wir uns mit dem Chambertin und den Ortolanen unterhalten und nachher zu einem neuen Problem übergehen, nämlich den Kritiker als Interpreten betrachten.

Ernest

Oh, du gibst also zu, daß der Kritiker mitunter die Dinge betrachten darf, wie sie sind?

Gilbert

Das weiß ich noch nicht sicher. Vielleicht nach Tisch. Bisweilen übt das Essen einen zarten Einfluß aus.

KRITIK ALS KUNST

Mit einigen Anmerkungen
über die Wichtigkeit
allesumfassender Erörterung
Ein Dialog

Personen: Gilbert und Ernest
Ort: Die Bibliothek eines Hauses auf Piccadilly
mit der Aussicht auf den »Green Park«

Zweiter Teil

Ernest

Die Ortolanen waren vorzüglich und der Chambertin wundervoll! Aber jetzt laß uns zu unserem Ausgangspunkt zurückkommen.

Gilbert

Nein, nein, ich bitte dich. Die Unterhaltung sollte alles berühren, aber bei nichts verweilen. Laß uns über »Moralische Entrüstung, ihre Ursachen und ihre Heilung« reden, denn darüber will ich schreiben; oder über das »Fortleben des Thersites«, nämlich in englischen Witzblättern, oder über irgend etwas sonst.

Ernest

Nein, ich will über Kritik und Kritiker reden. Du sagtest, die höchste Kritik habe es mit der Kunst nur zu tun, soweit sie Eindrücke schafft, nicht, soweit sie etwas auszudrücken sucht. Sie sei demnach schöpferisch und unabhängig, ja, an sich eine Kunst und nähme dem schöpferischen Werk des Künstlers gegenüber die Stellung ein, die das schöpferische Werk der sichtbaren Welt der Form und Farbe oder der unsichtbaren Welt des Gedankens und der Leidenschaft gegenüber einnimmt. Schön. Aber sage mir doch, wird nicht der Kritiker bisweilen doch auslegen, deuten?

Gilbert

Ja, er wird auslegen und deuten, wenn er es will. Er kann von dem zusammenfassenden Eindruck des Kunstwerks als Ganzem zu einer Zergliederung übergehen, und er kann auch in dieser niederen Sphäre – denn dafür halte ich es – viel Schönes finden und sagen. Jedoch – selbst dann wird es nicht immer seine Aufgabe sein, das Kunstwerk zu erklären. Vielleicht vertieft er nur sein Geheimnis und breitet um das Werk und seinen Schöpfer jenen Nebelschleier des Wunders, der den Göttern und den Anbetenden gleich teuer ist. Die gewöhnlichen Menschen freilich »fühlen sich furchtbar wohl auf Zion«. Sie wollen Arm in Arm mit den Dichtern wandeln und sagen in ihrer Art so glatt und einfach: »Warum sollten wir *über* Shakespeare und Milton lesen? Wir können ja ihre Werke und Dichtungen lesen. Und das genügt.« Aber die richtige Würdigung Miltons ist die Belohnung für eindringendste Gelehrsamkeit; und wer Shakespeare recht verstehen will, muß seine Beziehungen zur Renaissance und zur Reformation, zur Zeit der Elisabeth und zur Zeit Jakobs kennen. Er muß mit dem Kampf der klassischen Form und des neuen Geistes der Romantik vertraut sein, mit den Kämpfen zwischen der Schule Sidneys, Daniels, Jonsons und der Schule Marlowes und seines größeren Sohnes. Er muß die Stoffe kennen, die Shakespeare vorfand, die Art, wie er sie benutzte, die Bedingungen öffentlicher Darstellung im sechzehnten und siebzehnten Jahrhundert, ihre Beschränktheit und ihre Freiheit, die literarische Kritik jener Zeit, ihre Ziele, ihr Vorgehen, ihre Grundsätze. Er muß die englische Sprache in ihrer Entwicklung studieren, reimlose und gereimte Verse in ihren verschiedenen Stufen. Er muß in das griechische Drama eindringen, muß wissen, was den Schöpfer des Agamemnon mit dem Schöpfer des Macbeth verbindet. Mit einem Wort: Er muß das London der Elisabeth und das Athen des Perikles umspannen und Shakespeare seine Stellung in der Geschichte des europäischen Dramas anweisen können. Sicher wird der Kritiker auslegen und deuten; aber er wird die Kunst nicht wie die Rätselsphinx behandeln, deren schales Geheimnis ein Wanderer erriet, der verwundet einherzog und seinen Namen nicht kannte. Er wird auf die Kunst als auf eine Göttin schauen, deren Geheimnis er zu verstärken hat und deren Majestät er für die Augen der Menschen mit neuen Wundern umkleiden soll.

Und hier, Ernest, tritt nun das Seltsame ein. Der Kritiker wird auslegen und deuten, aber nicht wie der, der nur in anderer Form eine Botschaft wiederholt, die man ihm auf die Lippen legte. Denn gerade wie die Kunst eines Landes nur durch die Berührung mit der Kunst fremder Völker das eigene abgeschlossene Leben gewinnt, das wir ein nationales nennen, so kann umgekehrt der Kritiker die Persönlichkeit und das Werk anderer nur dann auslegen und deuten, wenn er seine eigene Persönlichkeit so stark wie möglich betont. Je stärker seine Persönlichkeit in die Auslegung eindringt, um so mehr Wirklichkeit erhält die Auslegung, um so mehr befriedigt, überzeugt sie und um so wahrer ist sie.

Ernest

Ich würde die Persönlichkeit eher als störend ansehen.

Gilbert

Nein. Sie ist ein Mittel der Enthüllung. Willst du andere verstehen, so mußt du dein eigenes Ich verstärken.

Ernest

Und was ist das Ergebnis?

Gilbert

Das will ich dir sagen, und vielleicht kann ich es am besten durch Beispiele. Mir scheint, der literarische Kritiker steht an erster Stelle; denn er hat das größte Gesichtsfeld und das edelste Material. Aber sonst hat jede Kunst gleichsam ihren eigenen Kritiker. Der Schauspieler ist der Kritiker des Dramas. Er zeigt das Werk des Dichters unter neuen Bedingungen und mit eigenen Mitteln. Er erhält das geschriebene Wort, aber Bewegung, Geste und Stimme werden zu Mitteln der Offenbarung. Der Sänger oder der Violinspieler ist der Kritiker der Musik. Der Stecher eines Bildes beraubt das Gemälde der leuchtenden Farben, aber durch sein neues Verfahren zeigt er uns seinen wirklichen Farbenwert, seine Abtönung, seine *Valeurs* und die Abwägung seiner Massen. So wird auch er zum Kritiker. Denn ein Kritiker ist der, der uns ein Kunstwerk in einer neuen Form zeigt. Wer aber ein neues Verfahren anwendet, ist ein Kritiker und ein Schaffender zugleich. Auch der Bildhauer hat seinen Kritiker. Bald ist es der Gemmenschneider, wie in den Tagen Griechenlands, bald ein Maler, wie Mantegna, der auf der Leinwand die Schönheit plastischer Linien und die mächtige Würde des Reliefs mit seiner Nebeneinanderordnung der Figuren wiederzugeben suchte. In allen diesen Fällen aber ist es klar, daß die eigene Persönlichkeit unbedingtes Erfordernis ist. Wenn Rubinstein Beethovens Appassionata spielt, gibt er uns nicht nur Beethoven, sondern auch sich; und das heißt: er gibt wirklich Beethoven, von einer reichen künstlerischen Natur gedeutet und ausgelegt, von einer neuen und starken Persönlichkeit für uns lebendig und zu einem Wunder gemacht. Dasselbe sehen wir, wenn ein großer Schauspieler Shakespeare spielt. Sein eigenes Ich wird zum lebendigen Teil seiner Deutung. Man sagt bisweilen, die Schauspieler gäben uns ihren Hamlet, nicht Shakespeares. Aber das ist Unsinn. Tatsächlich gibt es so etwas wie Shakespeares Hamlet gar nicht. Hat der Hamlet etwas von der Abgeschlossenheit eines Kunstwerkes, so hat er auch alle Dunkelheit des Lebens. Es gibt so viele Hamlets wie es Melancholiker gibt.

Ernest

So viele Hamlets wie Melancholiker?

Gilbert

Ja, und da die Kunst aus der Persönlichkeit entspringt, so kann sie sich nur der Persönlichkeit offenbaren, und aus dem Zusammentreffen beider entspringt eine wahre Auslegung.

Ernest

Also gibt der Kritiker so viel, wie er empfängt, leiht so viel, wie er borgt?

Gilbert

Er zeigt uns das Kunstwerk immer in einer neuen Verbindung mit unserer Zeit. Er erinnert uns immer daran, daß große Kunstwerke etwas Lebendiges sind, ja, daß sie das einzig Lebendige sind. Ich bin überzeugt, daß er dies immer stärker empfinden wird, so daß die erlesenen Geister, die kritischen und verfeinerten Menschen der kommenden Zeit, je mehr die Kultur fortschreitet und je höher unsere Organisation steigt, um so weniger sich mit dem wirklichen Leben befassen werden. Sie werden versuchen, ihre Eindrücke nur noch dem zu entnehmen, was die Kunst berührt hat. Das Leben läßt in erschreckendem Grade die Form vermissen. Seine Katastrophen treten am falschen Ort ein und treffen falsche Menschen. Um seine Komödien spielt groteskes Entsetzen, und seine Tragödien enden mit einer Farce. Es verwundet immer, wenn man ihm naht; alles währt zu lange oder zu kurz.

Ernest

Das arme Leben! Das arme menschliche Leben! Rühren dich nicht seine Tränen? Tränen, sagt der römische Dichter, sind ein Teil seines Wesens.

Gilbert

Ich fürchte, sie rühren mich nur zu sehr. Denn sieht man auf sein Leben zurück, das so lebendig war in der Kraft seiner Erregungen, so voll von glühenden Minuten der Verzweiflung oder der Freude, so scheint es, als sei alles ein Traum, eine Täuschung gewesen. Was ist unwirklich, wenn nicht die Leidenschaften, die uns einst wie Feuer brannten? Was unglaublich, wenn nicht das, was wir in Treue glaubten? Was ist das Unwahrscheinliche? Das, was wir taten. – Nein, Ernest; das Leben trügt uns mit Schatten, wie der, der uns Marionetten zeigt. Wir flehen um Freude. Das Leben gibt sie uns, aber gemischt mit der Bitterkeit und Enttäuschung. Uns trifft ein edler Gram. Wir glauben, er werde den Purpurmantel der Tragödie um unsere Tage werfen. Aber er schwindet, Unedleres tritt an seine Stelle; und eines Tages, in grauer, stürmender Dämmerung oder am duftigen Silberabend des Schweigens, da starren wir mit harter Verwunderung oder mit kaltem, dumpfem Herzen auf die Locke goldblonden Haares, die wir einst so stürmisch anbeteten, so wahnsinnig küßten.

Ernest

Also das Leben ist ein verfehltes Unternehmen?

Gilbert

Künstlerisch betrachtet, gewiß! Und was es, künstlerisch betrachtet, hauptsächlich zu einem verfehlten Unternehmen macht, das ist das, was dem Leben seine plumpe Sicherheit gibt: die Tatsache nämlich, daß sich die gleiche Erregung nie wiederholt. Wie anders in der Kunst! Hinter dir steht in einem Fach des Bücherschrankes die ›Göttliche Komödie‹, und ich brauche nur eine bestimmte Stelle aufzuschlagen, um einen zu hassen, der mir nie unrecht tat, oder jemand zu lieben, den ich nie sehen werde. Es gibt keine Stimmung, keine Leidenschaft, die die Kunst uns nicht leihen könnte, und wer ihr Geheimnis entdeckt hat, kann uns voraussagen, welches unsere Erfahrungen sein werden. Wir können unseren Tag, wir können unsere Stunden wählen. Wir können sagen: Morgen früh in der Dämmerung werden wir mit dem ernsten Vergil durch das Tal der Todesschatten wandern; und siehe da, der Morgen findet uns im finsteren Walde, und uns zur Seite steht der Mantuaner. Wir durchschreiten das Tor der Sage, wo alle Hoffnung fällt, und schauen mit Mitleid oder Freude den Schrecken einer anderen Welt. Da schleichen die Heuchler vorbei, unter Kappen vergoldeten Bleis das gemalte Gesicht verborgen. Den Wüstling treiben unermüdliche Winde, und wir sehen den Ketzer sein Fleisch zerreißen und den Schlemmer vom Regen gepeitscht. Wir brechen den welken Zweig vom Baum im Hain der Harpyien, und jeder dunkle, giftige Ast blutet vor uns rotes Blut und schreit mit heiserem Schrei. Odysseus redet zu uns aus feurigem Horn, und wenn sich aus seinem Flammenbett der große Ghibelline erhebt – wir nehmen eine Weile teil an dem Stolze, der über solche Qualen triumphiert. Durch die düstere Purpurluft rauschen einher, die die Welt mit der Schönheit ihrer Sünde befleckten. Im Graben ekelhafter Krankheit liegt, geschwollen von der Sucht, einem Haufen Lehmes gleich, Adamo von Brescia, der falsche Münzen schlug. Er heischt Gehör für sein Elend; wir stehen stille, und mit trocknen, starren Lippen erzählt er, wie er Tag und Nacht von den klaren Quellen träumt, die in kühlen, tauigen Rinnen die grünen Hügel von Casenta niederrauschen. Ihn höhnt Simon, der falsche Grieche von Troja. Er schlägt ihn ins Gesicht, und sie ringen. Und wir, von ihrer Schmach gefesselt, zaudern, bis Vergil uns vorwärts schilt und zu der Riesenstadt führt, wo König Nimrod ins Jagdhorn stößt. Schreckliches wartet auf uns, und wir ziehen ihm entgegen, in Dantes Kleide und mit Dantes Herz. Wir durchfahren die Sümpfe des Styx, und durch die trägen Wellen schwimmt Argenti an unser Boot. Er ruft uns an, und wir stoßen ihn zurück. Wir freuen uns der Stimme seiner Verzweiflung, und Vergil lobt die Härte unserer Verachtung. Wir betreten den kalten, kristallnen Kozytus, in dem Verräter stecken wie Stroh im Glase. Unser Fuß stößt an Boccos Kopf. Er weigert uns seinen Namen, und wir reißen das Haar in Büscheln von seinem schreienden Schädel. Alberigo fleht, das Eis seiner Wangen zu brechen, daß er ein weniges weinen könne. Wir geben ihm unser Wort. Doch da er den schmerzlichen Bericht geendet, weigern wir uns, zu erfüllen, was wir versprachen. Wir gehen vorüber; und solche Grausamkeit ist uns Gebühr. Denn wer wäre verworfener, als wer mit Gottes Verdammten Erbarmen fühlt? Zwischen Lucifers Zähnen sehen wir ihn, der Christus verriet, und in Lucifers Rachen sie, die Caesar erschlugen. Wir zittern und eilen hinauf, die Sterne zu schauen.

Im Lande des Fegfeuers ist die Luft freier, und der heilige Berg ragt in das reine Licht des Tages hinaus. Da ist Friede für uns. Und für alle, die dort aus irgendeinem Grunde weilen, ist wenigstens etwas Friede, ob auch, bleich vom Gift der Marumna, Madonna Pia vorübergeht, und in Ismenens Zügen der Gram der Erde noch nistet. Seele nach Seele zieht vorbei, und wir nehmen teil an Buße und Freude. Er, den seiner Witwe Trauer lehrte, den süßen Wermut des Schmerzes zu trinken, spricht uns von Nella, die auf einsamem Lager betet; und aus dem Munde Buoncontes vernehmen wir, wie eine einzige Träne den sterbenden Sünder ewiger Verdammnis entreißen kann. Sordello, der stolze und hochmütige Lombarde, schaut uns von ferne gleich einem ruhenden Löwen an. Und da er vernimmt, Vergil sei Mantuas Bürger, fällt er auf seinen Rücken nieder; und da er vernimmt, er sei der Sänger Roms, fällt er vor ihm aufs Knie. In jenem Tal, wo Gras und Blumen schöner glänzen als indisches Holz und Smaragd und strahlender sind als Scharlach und Silber, da singen, die einst der Erde Könige waren. Doch Rudolf von Habsburg stimmt nicht ein in die Sänge der anderen, und Philipp von Frankreich schlägt sich die Brust, und Heinrich von England sitzt einsam und abseits da. Vorwärts und vorwärts geht es. Wir steigen die Stiege der Wunder empor, und die Sterne werden größer als sonst. Der Sang der Könige erstirbt in der Ferne, und endlich stehen wir bei den sieben goldnen Bäumen: am Garten des irdischen Paradieses. Da erscheint auf greifenbespanntem Wagen SIE, die Stirn mit Olivengrün umwunden, in weißem Schleier, in grünem Mantel und einem Kleid gleich lebendigem Feuer. In uns erwacht die entschlafene Flamme. In schrecklicher Hast jagt unser Blut. *Denn wir erkennen sie:* Beatrice, die Herrin, die wir verehrten. Das Eis unserer Herzen schmilzt dahin. Wilde Tränen der Angst strömen hervor, und wir neigen die Stirn zu Boden. Denn wir wissen, wir haben gesündigt. Wir tun Buße und reinigen uns. Wir trinken aus Lethes Flut und baden im Quell der Eunoë. Dann aber hebt uns die Herrin der Seele empor in das Paradies der Himmel. Aus der ewigen Perle des Mondes neigt sich uns Riccarda Donati; ihre Schönheit verwirrt uns eine Weile; doch, da sie gleich einem Stein, der im Wasser sinkt, entschwindet, schauen wir ihr nach mit andächtigen Augen. Der liebliche Stern der Venus ist voll von Liebenden. Da ist Cunizza, Ezzelinos Schwester, die Herrin im Herzen Sordellos, und Folco, der leidenschaftliche Sänger der Provence, der die Welt verließ aus Gram um Azalais. Da ist auch die Cananitische Dirne, die erste Seele, die Christus erlöste. Joachim von Flora steht in der Sonne, und in der Sonne erzählt Aquinas die Geschichte des heiligen Franz, und Bonaventura das Leben des heiligen Dominikus. Durch die Flammenrubinen des Mars naht Cacciaguida. Er spricht von dem Pfeil, den der Bogen der Verbannung entsendet, und erzählt, wie bitter das Brot eines andern schmecke, wie steil die Treppe im Hause des Fremden sei. Auf dem Saturn, da singen die Seelen nicht, und selbst, die uns führt, wagt nicht zu lächeln. Auf einer goldnen Leiter steigen die Flammen und sinken, und schließlich sehen wir den Glanz der mystischen Rose. Beatrice heftet die Augen auf Gottes Antlitz und wendet sie nicht mehr fort. Das Gesicht der Seligkeit wird uns gewährt, und wir erkennen die Liebe, die Sonne und Sterne bewegt.

Ja, wir können die Zeit um sechshundert Erdumläufe zurückstellen und uns mit dem großen Florentiner eins machen, mit ihm am gleichen Altare knien, Haß und Entzückungen mit ihm teilen. Doch wenn wir alter Tage müde werden und wünschen, uns unsere Zeit mit all ihrer Müdigkeit, all ihrer Sünde lebendig zu machen – gibt es nicht Bücher, durch die wir in einer Stunde mehr erleben als sonst in vielen schmachvollen Jahren? Dort neben deiner Hand liegt ein Buch; der Einband aus nilgrünem Leder mit goldenen Wasserlilien bestreut und mit hartem Elfenbein geglättet. Das ist das Buch, das Gautier liebte: Baudelaires Meisterwerk. Schlag jenes traurige Madrigal auf:

Que m'importe que tu sois sage?
Sois belle! et sois triste!

Dann wirst du den Gram anbeten, wie nie du die Freude angebetet hast. Und weiter das Lied von ihm, der sich selber quälte! Seine zarte Melodie stiehlt sich in dein Ohr und färbt deine Gedanken; einen Augenblick bist du, was er war, der es schrieb. Ja, nicht nur kurze Minuten, sondern manche träge Mondnacht, manchen sonnenlosen, unfruchtbaren Tag lang wird eine Verzweiflung in dir wohnen, die nicht dein eigen ist, und eines andern Elend wird an deinem Herzen nagen. Lies das ganze Buch. Laß nur eins seiner Geheimnisse zu deiner Seele reden, und deine Seele dürstet nach *mehr*, sie wird an dem giftigen Honig saugen, wird seltsame Verbrechen büßen, an denen sie schuldlos ist, und schlimme Freuden bereuen, die sie nicht kannte. Und dann, wenn du müde wirst dieser Blumen des Bösen, dann auf zu den Gärten Perditas; in ihren taufeuchten Kelchen kühle die fiebernde Stirn, und ihre Lieblichkeit wird deine Seele heilen. Oder erwecke aus vergessenem Grab Meleager, den schönen Syrer; bitte den Liebenden Heliodors um Lieder: denn auch er hat Blumen im Sange, rote granatene Blüten, Iris, die nach Myrrhen duften, runden Asphodill, dunkelblaue Hyazinthen und Majoran. Er liebte den Duft des Bohnenfeldes am Abend, liebte den Duft der Ähren auf syrischen

Hügeln und frischen grünen Thymian zum Schmucke des Bechers. Ging seine Liebe im Garten, so waren ihre Füße gleich Lilien unter den Lilien. Weicher als schlaftrunkene Blätter des Mohns waren ihre Lippen, weicher als Veilchen und ebenso duftend. Aus dem Grase schoß der geflammte Krokos, um sie zu sehen; schlanker Narkissos sammelte ihr den kühlenden Tau; und ihrethalben vergaßen die Anemonen der sizilischen Winde, die sie umkosten. Aber nicht Krokos noch Narkissos noch Anemonen waren so schön wie sie – .

Es ist etwas Seltsames um diese Übertragung der Gefühle. Wir erkranken am Leiden der Dichter, und der Sänger gibt uns seine Schmerzen. Tote Lippen bringen uns Botschaft, und Herzen, die längst zu Staub verfielen, spenden von ihrer Freude. Wir eilen, Fantina die blutenden Lippen zu küssen, und wandern mit Manon Lescaut über die weite Welt. Wir teilen den Liebeswahnsinn des Syrers und auch die Wut des Orest. Es gibt keine Leidenschaft, die wir nicht fühlen, keine Freude, die wir nicht genießen könnten. Ja, wir können die Zeit unserer Weihe wählen und auch die Zeit unserer Freiheit. Leben! Leben! Nicht zum Leben laß uns gehen, um den Kreis unseres Wissens zu füllen. Das ist ein Etwas, eingeengt durch das Äußere, ohne Zusammenhang in seiner Wirkung. Ihm fehlt der feine Einklang von Form und Geist, der einzig die künstlerische und kritische Seele befriedigt. Wir zahlen ihm seine Ware zu hoch, wir erstehen das gemeinste seiner Geheimnisse um unerhörten und ungemessenen Preis.

Ernest

So müssen wir alles von der Kunst empfangen?

Gilbert

Alles. Denn die Kunst verletzt uns nicht. Die Tränen, die wir im Schauspiel vergießen, sind ein Beispiel der schönen, schmerzlosen Erregung, die zu erwecken Aufgabe der Kunst ist. Wir weinen, aber wir sind nicht verwundet. Wir trauern, aber in unserer Trauer ist keine Bitterkeit. Schon im wirklichen Leben ist der Gram das Tor zu einer kleinen Vollkommenheit, wie Spinoza einmal sagt. Aber die Trauer, mit der uns die Kunst erfüllt, reinigt und weiht uns, wenn ich noch einmal den griechischen Kunstkritiker anführen darf. Durch die Kunst und nur durch die Kunst werden wir vollkommen. Die Kunst und nur die Kunst kann uns gegen die schmutzigen Gefahren des Lebens schützen. Das liegt nicht nur daran, daß wir nichts ersinnen können, was getan zu werden verdiente, und daß wir alles ersinnen können, sondern es hat seinen Grund in dem geheimen Gesetz, daß die Kräfte aller Gefühle wie die Kräfte der körperlichen Welt nach Stärke und Ausdauer begrenzt sind. Man kann *so viel* fühlen und mehr nicht. Also, was geht es uns an, wenn uns das Leben mit höchster Lust verführen oder unsere Seele mit höchstem Schmerz zerbrechen und lähmen will, da wir doch im Anschauen dessen, was nie da war, das letzte Geheimnis der Freude fanden und unsere Tränen vergossen beim Tode derer, die gleich Cordelia und Desdemona nie sterben können?

Ernest

Einen Augenblick! Mir scheint, in allem, was du sagst, liegt etwas durchaus Unmoralisches.

Gilbert

Jede Kunst ist unmoralisch.

Ernest

Jede Kunst?

Gilbert

Ja, denn das Ziel der Kunst ist die Erregung um der Erregung willen, und Erregung um der Tat willen ist das Ziel des Lebens und jener praktischen Organisation des Lebens, die wir Gesellschaft nennen. Die Gesellschaft ist die Voraussetzung und Grundlage für jede Moral, und sie ist vorhanden, um die Kräfte der Menschen zusammenzufassen. Um aber ihre eigene Fortdauer und ihr gesundes Beharren zu sichern, verlangt sie – und zweifellos mit Recht – von jedem ihrer Bürger, daß er zum gemeinen Wohl irgendwelche nutzbringende Arbeit leiste und sich schinde und plage, damit des Tages Werk getan werde. Die Gesellschaft verzeiht oft dem Verbrecher, aber nie dem Träumer. Die schöne, nutzlose Erregung, die die Kunst in uns wachruft, ist in ihren Augen hassenswert. Wie weit die Tyrannei dieses schauerlichen Gesellschaftsideals geht, ist furchtbar. Bei jeder Begegnung fragen einen diese Menschen mit lauter Stentorstimme: Na, was machen Sie? Ein kultiviertes Wesen würde flüsternd fragen: Worüber denken Sie? Sie meinen's gut, diese braven, strahlenden Leute. Vielleicht sind sie eben darum so unausstehlich langweilig. Aber irgend jemand sollte ihnen klar machen, daß die Betrachtung, obgleich sie in der Meinung der Gesellschaft die schwerste Sünde ist, doch im Sinne der höchsten Kultur die einzig würdige Beschäftigung des Menschen ist.

Ernest

Die Betrachtung?

Gilbert

Ja, die Betrachtung. Vor einiger Zeit schon sagte ich, es sei schwerer, über etwas zu reden, als etwas zu tun. Aber jetzt will ich dir sagen, daß nichts zu tun das Schwierigste ist, das Schwierigste und das Geistigste. Für Plato mit seiner Leidenschaft für die Weisheit war es die edelste Form der Kraft; und auch für Aristoteles mit seiner Leidenschaft für die Erkenntnis. Das war das Ziel, wohin die Sehnsucht nach Heiligkeit Heilige und Mystiker im Mittelalter trieb.

Ernest

So lebten wir, um nichts zu tun?

Gilbert

Nichts zu tun, lebt der Auserwählte. Handeln ist begrenzt und abhängig. Unbegrenzt und unabhängig ist, was der schaut, der behaglich sitzt und sinnt, der in Einsamkeit wandelt und träumt. Doch wir, am Ende dieses glorreichen Jahrhunderts geboren – wir sind zu verfeinert, zu kritisch, zu geistig und zu lüstern nach erlesenen Genüssen, um Spekulationen über das Leben für das Leben einzutauschen. Uns ist die Citta divina farblos, uns ist die Fruitio Dei leer geworden. Die Metaphysik befriedigt uns nicht, und religiöse Begeisterung ist aus der Mode. Die Welt, die den Philosophieprofessor zum Zuschauer aller Zeit und allen Daseins macht, sie ist nicht mehr eine Welt der Ideale, sondern nur noch eine Welt abstrakter Ideen. Treten wir ein, wir verhungern unter den Gespenstern des Denkens. Die Hallen der Stadt Gottes stehen uns nicht mehr offen. An ihren Toren steht die Dummheit Wache, und wer hinein will, muß alles ausliefern, was göttlich an ihm ist. Genug, daß unsere Väter glaubten. Sie haben die Glaubenskraft der Rasse erschöpft und hinterließen uns den Zweifel, vor dem wir bangen. Hätten sie ihn in Worte geformt, vielleicht lebte er nicht mehr in uns als Gedanke. Nein, Ernest, nein! Zurück zum Heiligen können wir nicht. Weit eher noch könnten wir vom Sünder lernen. Kein Weg führt zum Philosophen zurück, und der Mystiker führt in die Irre. Wer wollte, so fragt einmal Pater, wer wollte die Rundung eines einzigen Rosenblattes gegen das gestaltlos unfaßbare *Sein* eintauschen, das Plato so hoch erhebt? Was ist uns die Erleuchtung Philos, der Abgrund Eckharts, was Böhmes Vision und der schreckliche Himmel, der sich vor Swedenborgs geblendeten Augen öffnete? Das alles ist weniger als der einzige Kelch einer gelben Blume des Feldes, weniger als das Geringste sichtbarer Kunst. Denn ist die Natur Stoff, der sich zum Geiste durchringt, so ist die Kunst Geist, der sich in die Formen des Stoffes verkleidet. Daher auch redet sie in der geringsten ihrer Offenbarungen zu Sinn und Seele zugleich.

Das Schweifend- Gestaltlose stößt immer die ästhetische Empfindung ab. Die Griechen waren ein Volk von Künstlern, weil sie den Sinn des Unendlichen nicht kannten. Wie Aristoteles, wie Goethe, nachdem er Kant gelesen hatte, sehnen wir uns nach dem Greifbaren, Festen, und nichts als das Greifbare kann uns befriedigen.

Ernest

Und was schlägst du vor?

Gilbert

Mir scheint, durch die Entwicklung des kritischen Geistes werden wir einst imstande sein, nicht nur *unser* Leben zu leben, sondern das gesamte Leben der Rasse. So würden wir modern im wahren Verstande des Wortes werden. Denn der, dem das Gegenwärtige das einzig Gegenwärtige ist, weiß nichts von der Zeit, in der er lebt. Um das neunzehnte Jahrhundert zu *erleben*, muß man jedes Jahrhundert erlebt haben, das voranging und zu seinem Werden beitrug. Es darf keine Stimmung geben, die man nicht mitempfinden, keine Lebensgeste, die man nicht erwecken könnte. – Ist das möglich? Ich glaube nicht. Der wissenschaftliche Grundsatz der Vererbung hat uns gelehrt, wie jedes Handeln bedingt und mechanisch ist. Er hat uns von der Last und den Fesseln selbstgeschaffener Verantwortlichkeit befreit. So verbürgte er das Fortleben der *vita contemplativa*. Er hat uns rings mit dem Netz des Jägers umstellt und den Fluch unseres Schicksals auf Mauer und Wand geschrieben. Sehen können wir ihn nicht, denn er lebt in uns. Wir können ihn nur im Spiegel sehen, im Spiegel, der die Seele spiegelt. Er ist die Nemesis, doch ohne Maske. Er ist das letzte Schicksal und das furchtbarste. Er ist der einzige Gott, den wir mit Namen nennen. Und doch – hat er gleich einem schrecklichen Gespenst im äußeren Leben die Kraft ihrer Freiheit, das Handeln seiner Wahl beraubt, er kommt im Reiche des Ich, wo die Seele wirkt, mit manchen guten Gaben zu uns, mit den Gaben seltsamer Anlagen und feiner Empfänglichkeit, Gaben wilder Gluten und eisiger Gleichgültigkeit, mannigfaltigen, verwickelten Gaben sich streitender Gedanken und sich bekriegender Leidenschaften. Wir leben nicht unser Leben, sondern das Leben der Toten. Und die Seele, die in uns wohnt, ist kein einzelnes geistiges Sein, das uns einzig und individuell macht, das unserem Dienste erschaffen ist und uns zur Freude in uns einzieht. Sie ist ein Etwas, das in schrecklichen Landen geweilt und in verschollenen Gräbern gewohnt hat. Sie krankt an vielen Krankheiten und denkt seltsamer Sünden. Sie ist weiser als wir, und ihre Weisheit schmeckt bitter. Sie füllt uns mit unerfüllbaren Wünschen und heißt uns verfolgen, was wir nie erlangen können. Doch eins, mein lieber Ernest, eins kann sie für uns tun. Sie kann uns aus unserer Umgebung führen, deren Schönheit durch den Nebel des Alltags verschleiert ist, oder deren Häßlichkeit, deren niedriges Streben die Vollendung unserer Entwicklung hemmt. Sie kann uns helfen, die Zeit, in die wir geboren wurden, zu fliehen, in andre Zeiten zu wandern, wo wir uns nicht als Verbannte fühlen. Sie kann uns lehren, unserer Erfahrung zu entkommen, und die Erfahrungen derer zu machen, die größer waren als wir. Der

Schmerz Leopardis, der wider das Leben schreit, wird unser Schmerz. Theokritos bläst seine Flöte, und wir lachen mit den Lippen von Nymphen und Hirten. Im Wolfspelz fliehen wir mit Pierre Vidal vor den Rüden, und in der Rüstung Lancelots reiten wir fort von der Laube der Königin. Wir flüsterten das Geheimnis unserer Liebe unter Abälards Kutte und gossen im fleckigen Kleide Villons unsere Schande in Lieder. Wir sehen die Dämmerung mit Shelleys Augen; und wandern wir mit Endymion, so ergreift Luna die Liebe zu unserer Jugend. Wir dulden die Not des Atys und kennen das schwächliche Rasen und den edlen Gram des Dänenprinzen. Glaubst du wirklich, daß uns die Phantasie befähigt, so viele Leben zu leben? Doch! es ist die Phantasie. Aber sie ist nichts anderes als verdichtete Rassenerfahrung.

Ernest

Aber wo bleibt die Tätigkeit des kritischen Geistes?

Gilbert

Die Kultur, die diese Überlieferung der Rassenerfahrung möglich macht, kann nur durch den kritischen Geist vollkommen werden. Ja, man könnte sagen, beide sind ein und dasselbe. Denn wer ist der wahre Kritiker, wenn nicht der, welcher die Träume, Gedanken, Gefühle von Millionen Geschlechtern in sich trägt; der, dem kein Gedankengang fremd, kein Gefühl dunkel ist? Und wer ist der Mensch der wahren Kultur, wenn nicht der, der durch feinste Erfahrung und wählerische Ablehnung den Instinkt bewußt und wissend gemacht hat, und das Werk, das die Distanz kennt; der sich durch Einschmiegen und Abwägen zum Herrn der Geheimnisse des Stils und der Schulen machte, der ihre Stimme hört und jenen Sinn unabhängiger Neugier entwickelt, der die wahre Wurzel, aber auch die wahre Blüte geistigen Lebens ist; der so zu geistiger Klarheit gelangt ist; der das Beste, was in der Welt gewußt und gedacht wird, erkannt hat und nun – das ist keine Phantasie – in der Gesellschaft der Unsterblichen lebt. Ja, Ernest, das Leben der Betrachtung, *das* Leben, welches das *Sein*, nicht das *Handeln*, und nicht nur das *Sein*, sondern das *Werden* zum Ziel hat, das ist es, was uns der kritische Geist geben kann. So leben die Götter: entweder sie sinnen ob ihrer eigenen Vollkommenheit, wie Aristoteles sagt, oder, wie Epikur, sie wachen mit den kühlen Augen des Zuschauers über die Tragikomödie der Welt, die sie schufen. Auch wir könnten leben wie sie und mit wechselnden Gefühlen die Szenen beschauen, die der Mensch und die Natur uns bieten. Wir könnten uns zu geistigen Wesen machen, wenn wir uns vom Handeln lossagten; und wir könnten vollkommen werden, wenn wir die Auslösung unserer Kräfte verschmähten. Mir schien oft, als fühle Browning etwas Ähnliches. Shakespeare wirbelt Hamlet ins Leben der Tat, und er vollbringt seine Aufgabe mit dem Aufgebot wirklicher Kräfte. Browning hätte uns einen Hamlet gegeben, der seine Aufgabe durch Denken lösen würde. Zufall und Ereignis waren für ihn unwirklich oder unwesentlich. Er machte die Seele zum Träger der Lebenstragödie und betrachtete die Handlung als *das* Undramatische im Drama. Jedenfalls aber ist für uns ΒΙΘΣ ΘΕΩΡΗΤΙΚΟΣ [vita contemplativa] das wahre Ziel. Ruhig in sich geschlossen und vollkommen, so sieht der ästhetische Kritiker auf das Leben, und kein Pfeil, den der Zufall schoß, kann in die Lücken seiner Rüstung dringen. Er wenigstens ist sicher. Er hat entdeckt, wie man leben soll.

Ist solches Leben unmoralisch? Ja. Jede Kunst ist unmoralisch, außer jenen niedrigen Formen sinnlicher oder lehrender Kunst, die zum Handeln im Guten oder Bösen treiben wollen. Denn das Handeln gehört ins Reich der Moral. Das Ziel der Kunst ist einfach, eine Stimmung zu schaffen. Ist ein solches Leben unpraktisch? Oh, es ist nicht so leicht, unpraktisch zu sein, wie der unwissende Philister meint. Es wäre gut, wenn es so wäre. Denn kein Land der Welt braucht unpraktische Leute nötiger als wir. Bei uns ist das Denken stets auf den Vorteil gerichtet und dadurch verächtlich geworden. Wer von ihnen allen, die im Getriebe und Gedränge des wirklichen Daseins stehen als lärmende Politiker, schreiende Weltverbesserer oder als arme, beschränkte Priester, die durch das Leiden des kleinen, unwichtigen Teils der Gemeinden, in die ihr Los sie warf, geblendet sind – wer von ihnen allen könnte sich über irgend etwas ein unabhängiges Urteil bilden? Jeder Beruf ist ein Vorurteil. Der Zwang, ›Karriere zu machen‹, treibt jeden in die Arme von Parteien. Wir leben in einer Zeit, die zu viel arbeitet und zu wenig erzogen ist, in einer Zeit, wo die Leute so fleißig sind, daß sie blödsinnig werden. Und mag es auch hart genug klingen, ich kann nur sagen, sie verdienen ihr Los. Wer vom Leben nichts wissen will – für den gibt es ein sicheres Mittel: er suche sich nützlich zu machen.

Ernest

Eine reizende Lehre, Gilbert!

Gilbert

Das weiß ich nicht, aber sie hat das geringere Verdienst, daß sie wahr ist. Daß der Wunsch, anderen Gutes zu tun, den Heuchlern reichliche Ernte schafft, ist das geringste Übel. Der Heuchler ist ein höchst interessantes psychologisches Problem, und wenn auch von allen Posen die moralische die anstößigste ist, so ist es doch schon etwas, eine Pose überhaupt zu haben. Denn dadurch erkennt man förmlich an, daß es nötig ist, das Leben von einem bestimmten begründeten Standpunkt aus zu behandeln. Daß Menschenliebe und Mitleid gegen die Natur ankämpfen, da sie das Verderbte erhalten, mag dem Diener der Wissenschaft ihre leichte Tugend verleiden. Mag der Nationalökonom sie verdammen, weil sie den Unvorsichtigen auf die gleiche Stufe mit dem Vorsichtigen erheben und das Leben des Stärksten, weil gemeinsten Antriebes zum Fleiße berauben. Doch in den Augen des Denkers besteht der wirkliche Schaden, den sie anrichten, darin, daß sie die Erkenntnis einschränken und so uns hindern, irgendein soziales Problem zu lösen. Jetzt versuchen wir, die kommende Krisis, die kommende Revolution, wie manche es nennen, durch Gaben und Almosen abzuwenden. Schön! Wenn aber die Krisis kommt oder die Revolution, so werden wir ohnmächtig sein, weil wir nichts wissen. Lieber Ernest, wir wollen uns nichts vorspiegeln. England wird so lange kein Kulturland werden, bis es Utopien unter seine Provinzen zählt. Mehr als eine Kolonie könnte es für ein so schönes Land mit Vorteil geben. Was wir brauchen, sind unpraktische Leute, die über den Augenblick hinaus sehen, über den Tag hinaus denken können. Die, welche da suchen, das Volk zu führen, können es nur, indem sie dem Pöbel folgen. Die Wege der Götter müssen durch die Stimme eines Predigers in der Wüste bereitet werden.

Aber vielleicht glaubst du, daß im Schauen um des Schauens

willen, in der Betrachtung um der Betrachtung willen etwas Egoistisches liegt. Wenn du das glaubst, so sprich es wenigstens nicht aus. Die Selbstentäußerung zu vergöttlichen, dazu gehört eine durchaus selbstsüchtige Zeit, wie unsere es ist. Es gehört eine gierig zugreifende Zeit, wie die, in der wir leben, dazu, jene schalen, gefühlvollen Tugenden, die ihren sofortigen Lohn in sich tragen, über jene feinen Tugenden des Geistes zu stellen. Auch treffen sie gar nicht ihr Ziel, all diese Philanthropen und Gefühlsmenschen, die beständig von der Pflicht gegen den Nächsten schwatzen. Denn die Entwicklung einer Rasse hängt von der Entwicklung des einzelnen ab, und wo die Selbsterziehung nicht mehr das Höchste ist, da sinkt sofort der geistige Maßstab, und oft genug geht er völlig verloren. Wenn du bei einem Diner einem Manne begegnest, der sein Leben damit zugebracht hat, sich selbst zu erziehen, – ich gebe zu, es kommt heute selten vor, aber doch hie und da einmal, – dann stehst du reicher von der Tafel auf und weißt, daß auf einen Augenblick ein hohes Ideal deine Tage berührt und geheiligt hat. Aber ach! mein lieber Ernest! neben einem Menschen zu sitzen, der sein Leben damit zubrachte, andere zu erziehen! Eine schreckliche Erfahrung! Wie furchtbar ist die Dummheit, die das unweigerliche Ergebnis ist, wenn man die Meinungen anderer verbessern will. Wie beschränkt ist der Geistesumfang solcher Wesen! Wie ermüdet das uns, wie muß es ihn ermüden! Mit seiner ewigen Wiederholung, seinem ekelhaften Wiederanfangen! Wie mangelt ihm jeder Keim geistigen Wachstums! Wie dreht er sich im circulus vitiosus!

Ernest

Du sprichst mit seltsamer Gewalt, Gilbert. Hast du etwa kürzlich diese »schreckliche Erfahrung« machen müssen?

Gilbert

Wenige entgehen ihr. Man sagt, der Schulmeister sterbe aus. Ich wollte, es wäre so. Aber der Typus! Denn der Schulmeister ist nur ein Vertreter, und sicher der unwesentlichste, einer ganzen Gattung, die, wie mir scheint, unser Leben beherrscht. Und wenn im Gebiete der Ethik der Menschenfreund die anstößigste Erscheinung ist, so ist es im Reiche des Geistes derjenige, der so sehr damit beschäftigt ist, andere zu erziehen, daß er nie Zeit hat, sich selbst zu erziehen. Nein, Ernest! Selbstzucht ist das wahre Ideal des Mannes. Goethe wußte das, und was wir Goethe verdanken, ist mehr, als wir irgendeinem verdanken seit den Tagen der Griechen. Die Griechen wußten es, und sie haben uns als ihre Hinterlassenschaft für das moderne Denken den Gedanken der *vita contemplativa* gegeben, so gut wie die kritische Methode, durch die jenes Leben allein zur Wirklichkeit werden kann. Das war es auch, was die Renaissance groß machte und uns den Humanismus gab. Das ist es, was auch unsere Zeit groß machen *könnte*; denn unsere wahre Schwäche liegt nicht in unvollkommener Kriegsrüstung oder unbefestigten Küsten, nicht in der Armut, die gleich einem Gespenst durch dunkle Gassen schleicht, nicht in der Trunksucht, die in den Höfen des Ekels lallt, sondern einfach darin, daß unsere Ideale Ideale des Gefühls sind und nicht des Geistes. Ich leugne nicht, daß das Ideal des Geistes schwer erreichbar ist; noch weniger, daß es bei den Massen unbeliebt ist und noch lange bleiben wird. Es ist so leicht, mit dem Leiden Mitleid zu haben. Und es ist so schwer, Gedanken mitzufühlen. Ja, die *Vielen* verstehen so wenig, was eigentlich der Gedanke ist, daß sie meinen, wenn sie sagen, eine Behauptung sei gefährlich, so hätten sie ihr Urteil gesprochen. Und doch haben für den Geist nur solche Behauptungen Wert. Ein Gedanke, der nicht gefährlich ist, ist gar nicht wert, ein Gedanke zu sein.

Ernest

Gilbert, du machst mir bange. Du sagtest schon, alle Kunst sei wesentlich unmoralisch – willst du nun sagen, alles Denken sei wesentlich gefährlich?

Gilbert

Ja, es ist so. Die Sicherheit der Gesellschaft liegt im Gewohnten und Unbewußten. Die Grundlage des Beharrens der Gesellschaft als eines gesunden Organismus ist das Fehlen jeder Geistigkeit bei ihren Mitgliedern. Die große Mehrheit der Menschen weiß das. Sie stellen sich von selbst auf jenen herrlichen Grundsatz, der sie zur Würde der Maschine erhöht. Sie wüten so wild gegen das Eindringen jeder Geistigkeit in alle Fragen des Lebens, daß man versucht wäre, zu definieren: Der Mensch ist das vernünftige Tier, das immer die Geduld verliert, wenn es im Einklang mit den Vorschriften seiner Vernunft handeln soll. – Aber wir wollen das Gebiet der Wirklichkeit verlassen und nicht mehr von den verruchten Menschenfreunden reden, die wir wahrhaftig der Gnade des weisen Chuang Tsu, des mandeläugigen Philosophen am Gelben Flusse, überlassen können, der nachwies, daß diese wohlmeinenden, aber unheilanrichtenden Weltverbesserer die einfache, unschuldige Tugend zerstört haben, die im Menschen liegt. Sie sind langweilig, und ich sehne mich danach, in das Gebiet zurückzukehren, wo die Kritik frei ist.

Ernest

Das Gebiet des Geistes?

Gilbert

Ja. Du erinnerst dich, ich sagte, auf seine Art sei der Kritiker ebenso schöpferisch wie der Künstler, dessen Werk unter Umständen nur den Wert hat, den Kritiker zu einer neuen Stimmung des Denkens oder Fühlens anzuregen, die er mit gleicher oder vielleicht größerer Bestimmtheit der Form ausdrücken oder durch eine neue Wendung in anderer Weise schön oder vollkommen machen kann. Gut. Es schien mir, als wärest du ein wenig skeptisch. Oder tat ich dir damit unrecht?

Ernest

Ich bin eigentlich nicht skeptisch. Doch ich muß zugeben, daß das, was nach deiner Darlegung der Kritiker schafft – und ohne Zweifel ist er darin schöpferisch –, nach meinem Gefühl etwas rein Subjektives ist, während das größte Schaffen objektiv ist und unpersönlich.

Gilbert

Der Unterschied zwischen objektiv und subjektiv ist nur in der äußeren Form vorhanden. Er ist zufällig, nicht wesentlich. Alles künstlerische Schaffen ist durchaus subjektiv. Selbst die Landschaft, die Corot sah, war nur eine Stimmung seiner Seele. Jene großen Gestalten des griechischen und englischen Dramas, die scheinbar ein wirkliches Dasein für sich haben, losgelöst von den Dichtern, die sie schufen und bildeten, sie sind im letzten Grunde nur die Dichter selbst, aber nicht, was sie zu sein glaubten, sondern gerade, was sie nicht zu sein glaubten. In diesem Glauben aber wurden sie es durch eine seltsame Verwandlung in Wirklichkeit, wenn auch nur für einen Augenblick. Denn wir können nie aus uns heraustreten. Im Geschaffenen ist nichts, was nicht im Schöpfer war. Ja, ich möchte sagen, je objektiver eine Schöpfung erscheint, um so subjektiver ist sie. Shakespeare könnte Rosenkrantz und Güldenstern auf den weißen Straßen Londons getroffen oder die Diener feindlicher Häuser im Kampf auf offenen Plätzen gesehen haben; doch Hamlet entsprang seiner Seele und Romeo seiner Leidenschaft. Sie waren Teile seines Wesens, denen er sichtbare Gestalt gab. Sie waren Triebe, die in ihm so stark wühlten, daß er, gleichsam gezwungen, sie ihre Kräfte auslösen lassen mußte, und zwar nicht auf den niederen Planen wirklichen Lebens, wo sie gefesselt und beengt und also beschnitten worden wären, sondern in jenem unwirklichen Lande der Dichtung, wo die Liebe in Wahrheit im Tode reiche Erfüllung findet, wo man die Horcher hinter der Tapete ersticht und im offenen Grabe ringt, wo man dem schuldigen König das eigene Gift reicht und seines Vaters Geist sieht, wie er unter den Strahlen des Mondes in vollem Stahl von Nebelmauer zu Mauer schreitet. Das Handeln hätte in seiner Beschränktheit Shakespeare unbefriedigt gelassen, und gerade wie er *alles* vollbringen konnte, weil er nichts tat, so offenbaren uns seine Stücke, weil er nie von sich redet, sein wahres Wesen und Sein viel vollständiger, als es jene seltsamen und herrlichen Sonette tun, in denen er dem Auge seines Herzens heimlichste Kammern entschleiert. Ja, die objektivste Form ist sachlich die subjektivste. Der Mensch ist am wenigsten er selbst, wenn er in eigener Person redet. Gib ihm eine Maske, so redet er die Wahrheit.

Ernest

Also wird der Kritiker, der auf die subjektive Form beschränkt bleibt, notwendigerweise weniger imstande sein, sich völlig auszusprechen, als der Künstler, der immer Formen zur Verfügung hat, die unpersönlich und objektiv sind.

Gilbert

Nicht notwendig und sicher durchaus nicht, wenn er erkennt, daß jede Art der Kritik in ihrer höchsten Entwicklung nur eine Stimmung ist und daß wir uns nie treuer sind, als wenn wir inkonsequent werden. Das Beharrende für den ästhetischen Künstler ist in allen Dingen nur der Grundsatz der Schönheit. Er gewinnt den verschiedensten Schulen das Geheimnis ihres Zaubers ab; er beugt sich vielleicht vor fremden Altären oder lächelt, wenn es ihm paßt, fremdartigen, neuen Göttern. Was andere Leute unsere Vergangenheit nennen, geht sie natürlich an, aber nicht uns. Wer rückwärts in seine Vergangenheit schaut, verdient nicht, daß vor ihm eine Zukunft liegt, in die er schauen könnte. Die Stimmung, für die man den Ausdruck fand, ist abgetan. Du lachst. Aber glaube mir, es ist so. Gestern bestrickte uns der Naturalismus. Wir fanden in ihm jenen *nouveau frisson*, den er erregen wollte. Man zergliederte ihn, man erklärte ihn und ward seiner müde. Mit Sonnenuntergang kam der Luminismus in der Malerei, der Symbolismus in der Dichtung, und plötzlich erwachte jener Geist des Mittelalters, der keiner Zeit, sondern einem Seelenzustande eignet; er erwachte im verwundeten Rußland und erregte uns einen Augenblick mit dem Zauber des Schmerzes. Heute lautet das Wort: Romantik! Und schon zittern die Blätter im Tal und auf purpurnen Bergesspitzen wandelt mit schlanken goldenen Füßen die Schönheit. Natürlich leben die alten Arten des Schaffens fort. Die Künstler wiederholen so *sich* wie andere mit langweiliger Beharrlichkeit. Die Kritik aber schreitet fort, und der Kritiker entwickelt sich weiter. Auch ist der Kritiker tatsächlich nicht an die subjektive Form des Ausdrucks gebunden. Ihm bietet sich die Form des Dramas wie auch der Gang des Epos. Er kann den Dialog verwenden, wie der es tat, der uns Milton und Marvel im Gespräch über das Wesen der Tragödie und Komödie zeigte und Sidney und Lord Brooke sich über die Wissenschaften unterhalten ließ; oder auch er wählt die Form der Erzählung, wie Pater es gern tut, dessen *Imaginary Portrait* (das ist doch der Titel?) unter dem bunten Gewande der Dichtung einige feine und auserlesene Stücke der Kritik bieten: eins über Watteau, ein anderes über Spinozas Philosophie, ein drittes über die heidnischen Einflüsse in der Frührenaissance, und schließlich eins, vielleicht das bedeutendste, über die Quelle jener ›Aufklärung‹, die im letzten Jahrhundert über Deutschland tagte, und der Europas Kultur so manches verdankt. Und der Dialog! Jene wundervolle Form der Darstellung, die alle schöpferischen Kritiker der Welt anwandten, von Plato bis zu Lukian, bis zu Giordano Bruno, und von Bruno bis zu jenem großen alten Heiden, den Carlyle so liebte. Der Dialog wird für den Denker seinen Reiz als Ausdrucksmittel niemals verlieren. Er kann sich in ihm entschleiern und verhüllen, kann jedem Einfall Form, jeder Stimmung Wirklichkeit verleihen. Er kann seinen Gegenstand in ihm von jedem Standpunkt aus zeigen wie ein Stück Rundplastik; er gewinnt all den Reichtum und die Kraft der Wirkung, die in jenen Seitenwegen liegt, die sich plötzlich im Verfolge des Hauptgedankens auftun und ihn vollständiger erhellen; er gewinnt auch die Möglichkeit jener glücklichen späteren Einfälle, die einem geschlossenen Gedankengang erst seine Vollständigkeit verleihen, und die doch etwas vom zarten Reiz des Zufalls hineintragen.

Ernest

Er kann ja auch einen erdichteten Gegner erfinden, und ihn, wenn es ihm behagt, durch absurd sophistische Gründe bekehren.

Gilbert

Ach, es ist so leicht, *andere*, und so schwer, sich selber zu bekehren. Um das zu finden, was man selbst im Grunde glaubt, dazu muß man schon durch fremde Lippen reden. Die Wahrheit zu kennen, muß man sich Millionen Falschheiten vorstellen. Denn was ist die Wahrheit? In Sachen der Religion: einfach die Meinung, die überlebte; in Dingen der Wissenschaft: die letzte Entdeckung; in der Kunst: unsere letzte Stimmung. – Nun also, Ernest: du siehst, daß der Kritiker ebensoviele objektive Formen der Darstellung kennt wie der Künstler. Ruskin kleidete seine Kritik in phantasievolle Prosa und blendet mit seinen Umkehrungen und Widersprüchen; Browning kleidete sie in seine Verse, und Maler und Dichter mußten uns ihr Geheimnis offenbaren; Renan hat den Dialog, Pater seine Dichtung, und Rossetti goß die Farben Giorgiones, die Linien Ingres' und eigene Farben und eigene Linien in die Musik seiner Sonette; er war einer von denen, die in vielen Zungen reden können, und fühlte, daß die höchste Kunst die Kunst der Rede, daß das feinste und stärkste Werkzeug das Wort ist.

Ernest

Nun gut. Du hast bewiesen, daß der Kritiker alle objektiven Formen zur Verfügung hat. Aber möchtest du mir nicht die Eigenschaften nennen, die den wahren Kritiker auszeichnen?

Gilbert

Welche würdest du nennen?

Ernest

Nun, ich dächte, ein Kritiker sollte vor allem gerecht sein.

Gilbert

Ah, nicht gerecht. Ein Kritiker *kann* im gemeinen Verstande des Wortes nicht gerecht sein. Nur über Dinge, die einen nichts angehen, kann man unparteiisch urteilen. Das ist auch der Grund, warum ein unparteiisches Urteil niemals Wert hat. Wer beide Seiten einer Frage sieht, sieht gar nichts. Die Kunst ist eine Leidenschaft, und in der Kunst nimmt das Denken unwillkürlich die Farbe des Gefühls an und wird so eher fließend als fest bestimmt; und da es von feinen Stimmungen und erlesenen Momenten abhängt, darf es nicht in die Strenge wissenschaftlicher Formeln oder theologischer Dogmen eingezwängt werden. Die Kunst spricht zur Seele, und die Seele kann so gut im Gefängnis des Geistes wie des Körpers sitzen. Natürlich soll man keine Vorurteile haben; doch wie ein großer Franzose vor hundert Jahren bemerkte, ist es unsere Pflicht, in solchen Dingen Neigungen zu haben, und sobald jemand Neigungen hat, hört er auf, gerecht zu sein. Nur ein Auktionator kann unparteiisch und gleichmäßig alle Kunstschulen bewundern. Nein. Gerechtigkeit ist keine Tugend, die den Kritiker auszeichnet. Sie ist nicht einmal ein Boden, auf dem die Kritik gedeiht. Jede Kunstform, mit der wir in Berührung kommen, beherrscht uns für eine Weile so, daß sie alle anderen ausschließt. Wir müssen uns dem gegenwärtigen Werke auf Gnade und Ungnade ausliefern, wenn wir sein Geheimnis erraten wollen. Wir dürfen an nichts anderes denken, ja, wir können es nicht.

Ernest

Der wahre Kritiker wird aber doch wenigstens vernünftig sein?

Gilbert

Vernünftig? Man kann die Kunst auf doppelte Weise hassen, Ernest. Erstens, indem man sie haßt. Zweitens, indem man sie in den Grenzen der Vernunft liebt. Denn die Kunst – das sah schon Plato zu seinem Bedauern – schafft im Hörer und Zuschauer eine Art göttlichen Wahnsinns. Sie entspringt nicht der Inspiration, aber sie macht andere inspiriert. Nicht an die Vernunft wendet sie sich. Wenn man die Kunst liebt, muß man sie mehr lieben als alles andere in der Welt, und solcher Liebe müßte die Vernunft, wollte man auf sie hören, fluchen. Es liegt nichts Gesundes in der Verehrung der Schönheit. Die ist viel zu blendend, um gesund zu sein. Wer sie zur herrschenden Note seines Lebens erhebt, wird der Welt ewig als bloßer Träumer erscheinen.

Ernest

Schön, aber schließlich aufrichtig wird doch der Kritiker sein?

Gilbert

Ein wenig Aufrichtigkeit ist gefährlich, viel Aufrichtigkeit geradezu verderblich. Zwar wird der wahre Kritiker in seiner Hingabe an die Schönheit immer aufrichtig sein. Doch er wird die Schönheit in jedem Zeitalter, in jeder Schule suchen und sich nie durch irgendwelche Gewohnheiten des Denkens oder durch eine vorschriftsmäßige Art, die Dinge zu betrachten, beschränken lassen. Er wird sich selbst in vielen Formen, auf tausend Wegen entdecken und immer nach neuen Gefühlen, nach unerforschten Aussichten dürsten. Durch beständigen Wechsel, und nur durch beständigen Wechsel, wird er seine wahre Einheit finden. Er wird es nie dahin kommen lassen, daß er der Sklave seiner eigenen Meinungen wird. Denn was ist Geist, wenn nicht Bewegung auf geistigem Gebiete? Das Wesen des Denkens wie das Wesen des Lebens liegt im Wachstum. Du mußt dich nicht durch Worte schrecken lassen, Ernest. Was die Menschen Unaufrichtigkeit nennen, ist nichts anderes als ein Mittel, unsere Wesenheit zu vervielfältigen.

Ernest

Es tut mir leid, daß ich mit meinen Vermutungen so unglücklich war.

Gilbert

Unter den drei Eigenschaften, die du nanntest, waren zwei, Aufrichtigkeit und Gerechtigkeit, wenn nicht wirklich der Moral, so doch den Grenzgebieten der Moral entnommen, und die erste Voraussetzung für die Kritik ist die Einsicht, daß Kunst und Ethik verschiedene und getrennte Welten sind. Wenn man sie vermischt, kehrt das Chaos zurück. Heute vermischt man sie allzu oft, und wenn auch unsere modernen Puritaner das Schöne nicht zerstören können, so können sie doch mit dem außerordentlichsten Sinn für moralischen Kitzel auf Zeiten wenigstens die Schönheit beflecken. Leider finden solche Leute ihren Weg zur Öffentlichkeit hauptsächlich durch den Journalismus. Ich sage leider. Denn man könnte vieles zugunsten des Journalismus sagen. Er zeigt uns die Meinung des Unerzogenen und verbindet uns so mit der Dummheit der Masse. Er verzeichnet sorgfältig die laufenden Ereignisse des zeitgenössischen Lebens, und so sehen wir, wie wenig Gewicht sie tatsächlich haben. Er bespricht unentwegt das Unwesentliche, und dadurch lernen wir begreifen, was für die Kultur wichtig ist und was nicht. Aber er dürfte dem armseligen Tartuffe nicht erlauben, über die Kunst zu schreiben. Tut er es, so macht er sich selbst zum Narren. Und doch haben auch Tartuffes Aufsätze wenigstens eine gute Seite. Sie zeigen, wie beschränkt das Gebiet ist, über das die Moral und moralische Erwägungen zu herrschen berechtigt sind. Die Wissenschaft steht außerhalb der Ethik, denn ihre Augen richten sich auf ewige Wahrheiten. Die Kunst steht außerhalb der Ethik, denn ihre Augen richten sich auf das Schöne, Unsterbliche und Ewig-Wechselnde. Der Ethik unterliegen die geringeren, weniger geistigen Gebiete. Doch mögen diese Puritaner, die den Mund so voll nehmen, noch hingehen. Sie haben ihre komische Seite. Wer wird nicht lachen, wenn ein gewöhnlicher Journalist im Ernste unternimmt, das Stoffgebiet des Künstlers zu begrenzen. Allerdings könnte man wohl unseren Zeitungen und ihren Schreibern einige Schranken setzen, und ich hoffe, man wird es bald tun. Denn sie geben uns die nackten, gemeinen, ekelerregenden Tatsachen des Lebens. Mit niedriger Gier zeichnen sie die Sünden der kleinen Leute auf, und sie erzählen uns mit der Gewissenhaftigkeit des Ungebildeten genaue und nüchterne Einzelheiten aus dem Leben von Leuten, die nicht das geringste Interesse bieten. Aber der Künstler, der die Tatsachen des Lebens als gegeben nimmt und sie doch in Gestalten der Schönheit umformt, sie zum Gefäß des Schreckens oder Mitleids macht, ihre Farbigkeit zeigt, ihr Wunderbares und ihren wahren ethischen Wert, und der aus ihnen eine Welt aufbaut, die wirklicher ist als die Wirklichkeit selbst, erhabener und edler – wer sollte ihm Grenzen setzen? Nicht die Apostel eines neuen Journalismus, der nichts anderes ist als die alte Gemeinheit ›großgeschrieben‹. Nicht die Apostel eines neuen Puritanertums, das nur das Gewimmer des Heuchlers ist und schlecht schreibt und schlecht spricht. Daran zu denken erregt Gelächter. Wir wollen diese Elenden lassen und zur Besprechung der künstlerischen Eigenschaften des wahren Kritikers kommen.

Ernest

Und welche sind das? Sage du selbst!

Gilbert

Das erste Erfordernis für den Kritiker ist: Temperament – ein Temperament, das für die Schönheit und die mannigfaltigen Eindrücke, die uns die Schönheit gibt, aufs feinste empfänglich ist. Unter welchen Bedingungen und durch welche Mittel dieses Temperament entsteht, wollen wir gegenwärtig nicht besprechen. Es genügt, daß es da ist und daß wir einen Schönheitssinn in uns bergen, der getrennt ist von der Vernunft und wichtiger als sie, der auch getrennt ist von der Seele und an Wert ihr gleich – einen Schönheitssinn, der diese zum Schaffen, jene – ich denke die feineren Geister – zur reinen Betrachtung führt. Um aber rein und vollkommen zu werden, bedarf dieser Sinn einer Art erlesener Umgebung. Ohne sie verhungert er oder stumpft ab. Du erinnerst dich jener schönen Stelle bei Plato, wo er beschreibt, wie ein junger Grieche erzogen werden sollte, und wieviel Gewicht er auf die Umgebung legt. Er sagt, der Jüngling müsse inmitten von schönen Gebilden und Tönen aufgezogen werden, damit die Schönheit irdischer Dinge die Seele zur Aufnahme geistiger Schönheit vorbereite. Unfühlbar und ohne zu wissen weshalb, soll er jene wahre Liebe zur Schönheit entwickeln, die, wie Plato nie müde wird, uns zu erinnern, das wahre Ziel der Erziehung ist. Langsam soll sich in ihm ein Temperament entfalten, das ihn von selber und natürlich dahin bringt, das Gute dem Schlechten vorzuziehen, alles, was gemein und unharmonisch ist, abzuweisen und mit feinem, instinktivem Geschmack all dem zu folgen, was Anmut, Zauber und Schönheit besitzt. Schließlich aber soll dieser Geschmack auf natürlichem Wege kritisch und bewußt werden, während er zuerst nur als ein feiner Instinkt vorhanden war. »Wer aber diese innere Kultur des Menschen empfangen hat, wird mit klarem und sicherem Blick die Mängel und Fehler in der Natur und Kunst bemerken. Mit einem Geschmack, der nicht irren kann, wird er loben, was gut ist, an ihm seine Freude finden, es in seiner Seele aufnehmen und gut und edel werden. Aber er wird am rechten Orte das Schlechte tadeln und hassen, und zwar schon in den Tagen der Jugend, ehe er weiß warum.« Doch später, wenn sich der kritische Geist bewußt in ihm entwickelt, »wird er ihn als einen Freund erkennen, mit dem seine Erziehung ihn längst vertraut gemacht hat«. Ich brauche wohl kaum zu sagen, wie weit wir von diesem Ideal entfernt sind, und ich kann mir das Lächeln vorstellen, das über das glatte Gesicht des Philisters strahlt, wenn man ihm sagen wollte, das wahre Ziel der Erziehung seien die Pflege des Temperaments, die Bildung des Geschmacks, die Entwicklung des kritischen Sinnes. Und doch bleibt auch uns noch einige Schönheit in unserer Umgebung. Der Stumpfsinn des Erziehers und Lehrers macht wenig aus, wenn man in grauen Klöstern umherschweifen und Flötenstimmen in Kapellen lauschen kann, oder wenn man auf grüner Wiese liegt unter fleckigen Büschen, und auf den goldenen Wetterfahnen der Türme das schönere Gold des sonnenverbrannten Mittags ruht.

Überall erwachen die schmückenden Künste. Die Stunde der Häßlichkeit hat geschlagen. Selbst in den Häusern der Reichen herrscht Geschmack, und die Häuser derer, die nicht reich sind, sind anmutig und stattlich geworden, so daß es lieblich ward, in ihnen zu wohnen. Caliban, ach, der arme lärmende Caliban! Er meint, wenn er aufhört, zu etwas ein schiefes Maul zu ziehen, so höre es auf, dazusein. – Aber wenn er nicht länger höhnt, so geschieht es, weil er auf schärferen und gewandteren Hohn traf und für eine Weile zum Schweigen gezwungen wurde, zu jenem Schweigen, das ewig seine unförmlich verzerrten Lippen schließen möge. Was bisher geschah, war hauptsächlich Verneinen. Es ist immer schwerer, zu zerstören als zu schaffen, und wenn das, was wir zerstören müssen, Gemeinheit und Dummheit heißt, so fordert die Zerstörung nicht nur Mut, sondern auch Verachtung. Trotzdem, scheint mir , ist die Arbeit bis zu einem gewissen Grade getan. Das Schlechte haben wir abgestoßen. Jetzt gilt es, das Schöne zu schaffen. Und ob es auch die Aufgabe der ästhetischen Bewegung ist, die Menschen zur Betrachtung zu locken, nicht, sie zum Schaffen zu führen, so ist doch der Drang zum Schaffen im Kelten stark, und der Kelte *führt* in der Kunst; und wir haben keinen Grund, daran zu zweifeln, daß diese merkwürdige Renaissance in ihrem Verlaufe ebenso mächtig wird, wie vor mehreren Jahrhunderten das Erwachen der Künste in den Städten Italiens.

Sicherlich müssen wir uns an die schmückenden Künste wenden, wenn wir das Temperament pflegen wollen: an die Künste, die uns rühren, nicht an die Künste, die uns lehren. Moderne Gemälde sind zweifellos wundervoll anzuschauen, wenigstens einige von ihnen. Aber es ist unmöglich, mit ihnen zu leben, sie sind zu erklügelt, zu verstandesmäßig, sie sagen zu viel. Ihre Deutung ist zu greifbar, ihr Wollen zu scharf umrissen. Man erschöpft, was sie sagen können, in kürzester Zeit, und dann sind sie so langweilig wie Verwandte. Ich liebe die Bilder von manchen Impressionisten in Paris oder London. Noch haben sie Feinheit und Vornehmheit. Mitunter erinnert ihre Anordnung und ihre Harmonie an die unnahbare Schönheit in Gautiers unsterblicher Symphonie en Blanc Majeur, an jenes fleckenlose Meisterwerk in Farbe und Musik, das Typus und Titel für manche ihrer besten Bilder eingab. Für Leute, die das Unzulängliche mit sympathischer Eile begrüssen, die das Bizarre mit dem Schönen verwechseln, die Gemeinheit mit der Wahrheit, für solche Leute stehen sie auf erstaunlicher Höhe. Sie machen Radierungen, die wie Epigramme blenden, Pastells, die wie Paradoxen fesseln, und ihre Porträts! – Was der gemeine Verstand auch gegen sie sagen mag, niemand kann leugnen, daß sie den eigenen, wundervollen Reiz haben, der Werken reiner Erdichtung eignet. Aber so ernst und so fleißig die Impressionisten sind, auch sie genügen nicht. Ihr Weiß mit seinen Variationen in Lila hat in der Farbe Epoche gemacht. Und wenn auch der Augenblick nicht den Menschen schafft, er schafft doch den Impressionisten, und was könnte man nicht für den Augenblick in der Kunst, für die »Versteinerung des Augenblicks« anführen? Sie regen sogar an. Haben sie auch nicht die Blinden sehend gemacht, so haben sie doch die Kurzsichtigen ermutigt, und wenn ihre Führer die Erfahrung des Alters haben, so sind ihre Jungen viel zu klug, um immer gefühlvoll zu sein. Dennoch fahren sie fort, die Malerei zu behandeln, als wäre sie eine Art Selbstbiographie für den Gebrauch des Ungebildeten, und schwätzen auf ihrer rauhen, riesigen Leinwand von ihrem unerheblichen Selbst und ihren unerheblicheren Meinungen und verderben durch törichte Überspannung des Gefühls jene feine Verachtung der wirklichen Natur, die das Beste und einzig Bescheidene an ihnen ist. Schließlich wird man der Werke von Individuen müde, deren Individualität sich immer lärmend in Szene setzt und meistens uninteressant ist. Viel mehr könnte man zugunsten jener neueren Pariser Schule sagen, zugunsten der *Archaicistes*, wie sie sich nennen. Sie weigern sich, den Künstler der Gnade des Wetters auszuliefern, und finden das Ideal der Kunst nicht mehr in Luftwirkungen, sondern suchen vielmehr nach Schönheit der Zeichnung und Reiz der Farbe. Sie verschmähen den langweiligen Realismus derer, die nur malen, was sie sehen. Sie versuchen, etwas zu sehen, was des Sehens wert ist, und es nicht nur mit ihrem wirklichen und körperlichen Gesicht sondern mit jenem edleren Gesicht der Seele zu sehen, dessen geistiger Gesichtskreis weiter ist und wichtiger für künstlerische Zwecke. Jedenfalls arbeiten sie mit Rücksicht auf jene dekorativen Ziele, deren jede Kunst zu ihrer Vollkommenheit bedarf, und sie haben genügend ästhetisches Gefühl, auf jene gemeine und törichte Engherzigkeit bedauernd herabzusehen, die Modernität in der Form verlangt und so manchen Impressionisten zum Unheil ausschlug. Noch immer ist die Kunst, die sich offen als schmückende gibt, die Kunst, mit der sich leben läßt. Unter all unseren Künsten ist sie die einzige, die Stimmung und Temperament in uns weckt. Schon die bloße Farbe, nicht verquickt mit Bedeutungen, nicht verknüpft an endgültige Form, kann auf tausend verschiedene Arten zur Seele reden. Die Harmonie, die in feinen Verhältnissen von Linien und Massen liegt, spiegelt sich in der Seele. Die Wiederholung von Mustern gibt uns die Ruhe. Die Wunder der Zeichnung erregen die Phantasie. In der bloßen Schönheit benutzter Stoffe liegen Kräfte der Kultur verborgen. Und das ist noch nicht alles. Indem die schmückende Kunst mit Bewußtsein die Natur als Schönheitsideal verschmäht und ebenso die nachahmende Methode des gewöhnlichen Malers, bereitet sie nicht nur die Seele zur Aufnahme *wirklicher* Schöpfungen der Phantasie vor, sondern entwickelt in ihr auch jenen Formensinn, der die Grundlage künstlerischen wie kritischen Schaffens ist. Denn der wahre Künstler geht nicht vom Gefühl zur Form weiter, sondern von der Form zum Gedanken und zur Leidenschaft. Er empfängt nicht zuerst eine Idee und sagt nun: »Ich will meine Idee in ein Versgebilde von vierzehn Zeilen bringen«, sondern er empfindet die Schönheit des Sonetts und schafft dann gewisse Klangsysteme und Bewegungen des Reimes, und die bloße Form gibt an, was sie füllen und für Geist und Gefühl vollkommen machen soll. Von Zeit zu Zeit schreit die Welt gegen irgendeinen entzückenden Verskünstler, weil er – um ihre abgedroschene, alberne Phrase zu brauchen – »nichts zu sagen habe«. Aber hätte er etwas zu sagen, so würde er es wahrscheinlich tun, und das Ergebnis wäre: Langeweile. Gerade weil er keine Botschaft bringt, kann er Schönheit schaffen. Seine Eingebung geht von der Form aus und nur von der Form, wie es beim Künstler sein sollte. Eine wirkliche Leidenschaft würde ihn zerstören. Alles, was wirklich vorfällt, ist für die Kunst verloren. Alle schlechte Dichtung kommt aus echtem Gefühl. Natürlich sein, heißt allzu verständlich sein, und allzu verständlich sein, heißt unkünstlerisch sein.

Ernest

Ich möchte wissen, ob du wirklich glaubst, was du sagst.

Gilbert

Warum? Nicht nur in der Kunst ist der Körper die Seele. Auf allen Gebieten des Lebens ist die Form das Ursprüngliche. Die rhythmisch-harmonischen Gesten des Tanzes, so sagt uns Plato, wekken im Geiste Rhythmus und Harmonie. Die Formen sind die Nahrung des Glaubens, rief Newman in einer jener großen Momente der Offenheit, die uns den Mann bewundern und kennen lehren. Er hat recht, obgleich er kaum wußte, wie furchtbar recht er hatte. Glaubenssätze werden geglaubt, nicht weil sie vernünftig sind, sondern weil sie wiederholt werden. Ja, die Form ist alles. Sie ist das Geheimnis des Lebens. Gib der Trauer Ausdruck, so ist sie verdoppelt. Willst du lieben? Singe Liebeslieder, und die Worte schaffen das Sehnen, aus dem, wie die Menschen meinen, jene entspringen. Nagt ein Leid an deinem Herzen? Tauche unter in der Sprache des Grams, lerne seine Laute von Hamlet oder Constantia, und du wirst finden, daß die Form, die die Leidenschaft gebiert, den Schmerz tötet. Und ebenso, um auf die Kunst zurückzukommen, schafft die Form nicht nur das kritische Temperament, sondern auch den ästhetischen Sinn, der niemals irrt und in allen Dingen ihre Schönheit findet. Beginne mit der Verehrung der Form, und kein Geheimnis der Kunst wird dir unentschleiert bleiben. Denke daran, daß in der Kritik wie im Schaffen alles auf das Temperament ankommt und daß man die Kunstschulen nicht nach der Zeit ihrer Blüte, sondern nach den Temperamenten, auf die sie wirken, ordnen sollte.

Ernest

Deine Theorie der Erziehung ist wundervoll. Aber welchen Einfluß wird dein Kritiker haben, wenn er in solcher Umgebung aufwächst? Glaubst du wirklich, daß je ein Künstler sich von der Kritik beeinflussen läßt?

Gilbert

Der Einfluß des Kritikers besteht in der nackten Tatsache seines Daseins. Er soll den reinen Typus darstellen. In ihm wird sich die

Kultur des Jahrhunderts ausgeprägt sehen. Du darfst ihm nicht zumuten, außer seiner eigenen Vervollkommnung noch andere Ziele zu haben. Der Geist verlangt einzig danach – wie man gut gesagt hat – sich als lebendig zu fühlen. *Unter Umständen* wird der Kritiker vielleicht wünschen, Einfluß auszuüben. Doch dann wird er sich nicht an den einzelnen, sondern an das ganze Zeitalter wenden. Er wird versuchen, es zur Bewußtheit zu wecken und verantwortlich zu machen, indem er neue Begierden und Wünsche schafft und ihm *seinen* weiteren Gesichtskreis, *seine* edleren Stimmungen leiht. Die Kunst von heute wird ihn weniger beschäftigen als die Kunst von morgen, *weit* weniger als die Kunst von gestern. Und wenn der eine oder der andere sich heute abplagt, was richten die Fleißigen aus? Kein Zweifel, sie geben ihr Bestes, und also erhalten wir das Schlechteste von ihnen. Immer wird die schlechteste Arbeit mit den besten Absichten getan. Und außerdem, mein lieber Ernest, ist jemand erst vierzig Jahre alt, oder wird er Akademieprofessor, oder ist er anerkannt als Romanschreiber, dessen Bücher auf Vorstadtbahnhöfen Absatz finden, dann kann man sich das Vergnügen machen, ihn bloßzustellen, aber bessern kann man ihn nicht. Und ich kann sagen, das ist gut für ihn; denn Besserung ist viel schmerzhafter als Strafe, ja, sie ist Strafe in ihrer schwersten und moralischsten Form. Diese Tatsache erklärt übrigens zur Genüge das Fehlschlagen aller Versuche, jene interessante Erscheinung, den Gewohnheitsverbrecher, zu bekehren.

Ernest

Aber ist nicht vielleicht der Dichter der beste Kritiker des Dichters und der Maler der beste Kritiker des Malers? Jede Kunst wendet sich zunächst an den Künstler, der in ihr schafft. Sein Urteil wird sicher das wertvollste sein?

Gilbert

Jede Kunst wendet sich einzig an das künstlerische Temperament. Die Kunst wendet sich nie an Spezialisten. Sie macht Anspruch, allgemein und doch in allen ihren Erscheinungen einheitlich zu sein. Ja, der Satz, der Künstler sei der beste Kunstrichter, ist so falsch, daß man sagen kann: ein großer Künstler kann nie über Werke anderer urteilen und kaum sogar über seine eigenen. Jene Stärke der Anschauung, die einen Menschen zum Künstler macht, beschränkt schon durch ihre Stärke seine Fähigkeit zu feinerer Abschätzung. Die Anspannung des Schaffens wirbelt ihn blind seinem eigenen Ziele entgegen. Die Räder seines Wagens wirbeln den Staub wie eine Wolke rings um ihn auf. Die Götter sind einander verborgen. Sie erkennen die, welche anbeten. Und weiter nichts.

Ernest

Du behauptest, ein großer Künstler könne die Schönheit fremder Werke nicht erkennen?

Gilbert

Das ist ihm unmöglich. Wordsworth sah im Endymion nichts als ein niedliches Stück Heidentum, und Shelley war in seiner Verachtung der Wirklichkeit gegen Wordsworths Botschaft taub, weil ihn ihre Form abstieß. Byron, jenes große, leidenschaftliche, menschliche, unvollkommene Wesen, konnte weder den Dichter der Wolken noch den Dichter des Sees würdigen, und die Wunder Keats waren ihm verborgen. Sophokles haßte den Wirklichkeitssinn des Euripides. Für ihn hatte das Rinnen warmer Tränen keine Musik. Milton verstand mit seinem Sinn für großen Stil Shakespeares Art so wenig wie Sir Josua die Art Gainsboroughs. Schlechte Künstler bewundern sich immer gegenseitig. Das nennen sie weitherzig und vorurteilslos. Aber ein großer Künstler begreift nicht, wie man Leben zeigen oder Schönheit gestalten könne, ohne *seine* Art anzunehmen. Das Schaffen verbraucht seine kritischen Kräfte in seinem eigenen Dienst. Auf andere Gebiete als das seine kann er sie nicht anwenden. Gerade weil jemand etwas nicht machen kann, kann er es beurteilen.

Ernest

Glaubst du das wirklich?

Gilbert

Ja, denn das Schaffen engt den Gesichtskreis ein, während die Betrachtung ihn erweitert.

Ernest

Aber die Technik! Sicherlich hat jede Kunst ihre eigene Technik.

Gilbert

Gewiß: Jede Kunst hat ihre Grammatik und ihre Buchstaben. Sie sind nicht geheimnisvoll, und der Unzulängliche kann immer korrekt sein. Jedoch – wenn auch die Grundgesetze der Kunst fest und unverrückbar sind, so müssen sie, um Gestaltung zu finden, von der Phantasie in solche Schönheit getaucht sein, daß jedes von ihnen als Ausnahme erscheint. Technik ist in Wahrheit Persönlichkeit. Darum kann sie der Künstler nicht lehren, darum der Schüler sie nicht lernen, und eben darum kann sie der ästhetische Kritiker verstehen. Für den großen Dichter gibt es nur eine Melodie, *seine* Melodie. Für den großen Maler gibt es nur eine Art zu malen, *seine* Art. Der ästhetische Kritiker und nur der ästhetische Kritiker würdigt alle Formen und Arten. An ihn wendet sich die Kunst.

Ernest

Schön. Ich glaube, ich habe alle meine Fragen gestellt und ich muß zugeben ...

Gilbert

Oh, sage mir nicht, daß ich dich überzeugt habe. Wenn man mir sagt, man glaube mir, fühle ich immer, daß ich unrecht haben muß.

Ernest

Dann will ich dir lieber nicht sagen, ob ich deiner Meinung bin oder nicht. Doch ich will noch eine Frage stellen. Du hast mir klar gemacht, daß die Kritik eine schöpferische Kunst ist. Aber welches ist ihre Zukunft?

Gilbert

Die Zukunft gehört der Kritik. Der Stoff zum Schaffen wird von Tag zu Tag an Ausdehnung und Abwechslung begrenzter. Was auf der Hand lag, haben die Vorsehung und Walter Besant erschöpft. Wenn das Schaffen überhaupt dauern will, muß es viel kritischer werden, als es ist. Die alten Straßen und staubigen Wege sind zu oft gegangen. Ihr Zauber ist durch plumpe Füße ausgetreten, und sie haben jenen Reiz der Neuheit und der Überraschung verloren, der für die Dichtung so wichtig ist. Wer noch durch Dichtung auf uns wirken will, muß einen neuen Hintergrund schaffen oder die Seele des Menschen in ihren innersten Regungen offenbaren. Jenes tut vorläufig Rudyard Kipling. Blättert man in seinen *Plain tales from the Hills*, so ist es, als säße man unter Palmen und läse im Buche des Lebens beim Blitz der Gemeinheit. Die grellen Farben der Bazare blenden die Augen. Die abgehetzten Anglo-Inder zweiter Klasse stehen in köstlichem Gegensatz zu ihrer Umgebung. Schon das Fehlen des Stils bei dem Erzähler gibt dem, was er sagt, einen merkwürdigen journalistischen Schein der Wirklichkeit. Vom Standpunkte großer Literatur aus betrachtet ist Kipling ein Genius, der nicht richtig spechen kann. Vom Standpunkte des Lebens gesehen, ist er ein Berichterstatter, der die Gemeinheit besser kennt als irgend jemand. Dickens kannte ihre Kleider und ihre Komödie; Kipling kennt ihr Wesen und ihren Ernst. Er ist der Erste im zweiten Rang, er sah Wunder durchs Schlüsselloch, und seine Hintergründe sind Kunstwerke. An solchen, die das Seelenleben tiefer zu fassen versuchten, hatten wir Browning und haben wir Meredith. Aber noch bleibt viel zu tun. Man sagt bisweilen, die Dichtung werde zu krankhaft. Soweit die Psychologie in Betracht kommt, war sie nie krankhaft genug. Wir haben erst an die Haut der Seele gerührt. Weiter nichts. In einer einzigen Zelle des Gehirns sind schrecklichere Wunder aufgespeichert, als selbst die sich träumen lassen, die, gleich dem Verfasser von *Rouge et Noir*, die Seele in ihre geheimsten Verstecke verfolgen wollten und das Leben zwingen, seine teuersten Sünden zu bekennen. Doch selbst die Zahl unerforschter Hintergründe ist begrenzt, und es ist möglich, daß eine weitere Entwicklung der Seelenkunde jene schöpferische Kraft untergräbt, der sie neuen Stoff bieten will. Ich selber neige zu der Ansicht, daß das Schaffen seinem Schicksal entgegengeht. Es entspringt einem primitiven, zu natürlichen Drange. Doch wie dem auch sei: sicher ist, daß der Stoff zum Schaffen immer geringer wird, während der der Kritik täglich wächst. Der Geist findet immer neue Stellungen, neue Standpunkte. Die Verpflichtung, dem Chaos Form zu geben, läßt nicht nach, wenn die Welt fortschreitet. Nie war die Kritik nötiger als jetzt. Nur durch sie kann die Welt sich bewußt werden, wohin sie gekommen ist.

Vor einigen Stunden fragtest du mich nach dem Nutzen der Kritik. Du hättest mich ebensogut nach dem Nutzen des Denkens fragen können. Die Kritik schafft, das hat Arnold bewiesen, die geistige Atmosphäre einer Zeit. Die Kritik, das hoffe ich eines Tages zu beweisen, macht den Geist erst zu einem feinen Werkzeug. Wir haben in unserem Erziehungssystem das Gedächtnis mit einer Last unverbundener Tatsachen beladen und ernstlich danach gestrebt, unser mühsam erworbenes Wissen mitzuteilen. Wir lehren die Menschen Erinnerung, wir lehren sie nicht, wie sie wachsen können. Es fiel uns nie ein, im Geiste eine feinere Fähigkeit der Wahrnehmung und Unterscheidung zu versuchen und zu entwickeln. Die Griechen taten das, und wenn wir mit dem kritischen Geist der Griechen in Berührung kommen, so müssen wir erfahren, daß trotz der Erweiterung und trotz der Differenzierung unserer Stoffgebiete ihre Art der Auslegung des Stoffes die einzige ist. England hat eins getan: es hat die öffentliche Meinung erfunden und befestigt, und das ist ein Versuch, die Unwissenheit der Menge zu organisieren und sie zur Würde einer physischen Macht zu erheben. Aber die Weisheit blieb ihr ewig verborgen. Als Werkzeug des Denkens betrachtet, ist der englische Geist unbeholfen und unentwickelt. Das einzige, was ihn reinigen kann, ist das Wachstum des kritischen Geistes.

Und wiederum macht nur die Kritik durch ihr Zusammenfassen die Kultur möglich. Sie destilliert aus der schwerfälligen Masse der schöpferischen Werke einen feineren Saft. Wer noch einigen Formsinn behalten möchte, wie könnte sich der durch die ungeheuerliche Menge von Büchern durchkämpfen, die die Welt hervorgebracht hat, von Büchern, in denen Gedanken stammeln oder Unwissenheit zankt? Der Faden, der uns durch das ermüdende Labyrinth führen soll, liegt in den Händen der Kritik. Ja, noch mehr. Wo keine Aufzeichnung vorhanden und die Geschichte verloren oder nie geschrieben ist, da kann die Kritik das Vergangene aus den kleinsten Fragmenten der Kunst wiederherstellen, und zwar mit gleicher Sicherheit, wie etwa der Zoologe aus einem winzigen Knochen oder dem bloßen Abdruck eines Fußes im Felsen den geflügelten Drachen wieder aufbaut oder die Rieseneidechse, die einst die Erde mit ihrem Tritt erschütterte, wie er das Flußpferd aus seiner Höhle lockt oder den Leviathan noch einmal übers Meer hinschwimmen läßt. Die vorgeschichtliche Geschichte gehört dem philologischen oder archäologischen Kritiker. Ihm offenbart sich der Ursprung der Dinge. Die bewußte Hinterlassenschaft einer Zeit führt fast immer irre. Nur durch die philologische Kritik wissen wir mehr aus den Jahrhunderten, von denen kein Bericht auf uns kam, als wir von denen wissen, die uns ihre Schriftrollen überliefert haben. Sie kann für uns tun, was weder die Physik noch die Metaphysik tun kann. Sie kann uns die genaue Geschichte des Geistes im Prozeß seines Werdens entschleiern. Sie kann für uns tun, was auch die Geschichte nicht tun kann. Sie kann uns sagen, was der Mensch dachte, noch ehe er schreiben lernte. Du fragtest nach dem Einfluß der Kritik. Ich denke, die Frage habe ich schon beantwortet. Aber man kann noch etwas sagen. Die Kritik macht uns auch zu Kosmopoliten. Die Manchester-Schule versuchte, die Brüderlichkeit der Menschen herbeizuführen, indem sie die Vorteile des Friedens für den Handel ins Licht stellte. Sie versuchte, unsere Welt voll Wunder zu einem gemeinen Marktplatz für Käufer und Verkäufer zu erniedrigen. Sie wandte sich an die niedrigsten Instinkte und litt Schiffbruch. Krieg folgte auf Krieg, und das Dogma des Kaufmanns verhinderte Frankreich und Deutschland nicht, in blutiger Schlacht aufeinander zu prallen. Andere wollen sich heute an die bloße Sympathie des Gefühls wenden oder berufen sich auf die flache Lehre irgendeines unklaren ethischen Systems. Sie haben ihre Friedensgenossenschaften, die den Sentimentalen so ans Herz gewachsen sind, und sie machen Vorschläge über ein unbewaffnetes internationales Schiedsgericht, das bei allen beliebt ist, die nie in der Geschichte lasen. Aber die Sympathie des Gefühls reicht nicht aus. Sie ist zu veränderlich, zu eng mit den Leidenschaften verbunden; und ein Schiedsgericht, das man zur allgemeinen Wohlfahrt einer Rasse der Macht beraubt, seine Entscheidungen in die Tat umzusetzen, wird nicht viel Nutzen bringen. Nur eins ist schlimmer als Ungerechtigkeit: Gerechtigkeit ohne das Schwert in der Hand. Wenn das Recht nicht auch Macht ist, ist es Übel. Nein: Gefühle werden uns nie zu Weltbürgern machen, so wenig es die Gier nach Gewinn vermochte. Nur durch die Pflege der Gewohnheit, im Geiste Kritik zu üben, werden wir instand gesetzt werden, uns über Rassenvorurteile zu erheben. Goethe – du darfst nicht mißverstehen, was ich sage – war ein Deutscher unter Deutschen. Er liebte sein Vaterland wie irgendeiner. Sein Volk war ihm teuer, und er fühlte es. Doch als der eherne Huf Napoleons über Weinberg und Kornfeld raste, da schwieg seine Lippe. »Wie kann man Lieder des Hasses singen, ohne zu hassen?« sagte er zu Eckermann, »und wie könnte ich, für den es einzig auf Kultur oder Barbarei ankommt, wie könnte ich eine Nation hassen, die zu den kultiviertesten der Erde gehört, und der ich einen so großen Teil meiner eigenen Kultur verdanke?« Diesen Ton schlug in der modernen Welt Goethe zuerst an, und ich denke, er wird der Ausgangspunkt für das Weltbürgertum der Zukunft werden. Die Kritik wird die Rassenvorurteile vernichten, indem sie immer wieder die Einheit des menschlichen Geistes in seinen vielen verschiedenen Formen nachweist. Wenn wir versucht sind, einer fremden Nation den Krieg zu erklären, so werden wir uns erinnern, daß wir im Begriffe stehen, einen Teil unserer eigenen Kultur zu zerstören, und vielleicht ihren wichtigsten Teil. Solange der Krieg als gottlos angesehen wird, wird er seinen Reiz behalten. Erst wenn man ihn als gemein ansieht, wird er seine Popularität verlieren. Der Wandel wird natürlich langsam vor sich gehen. Man wird ihn nicht merken. Man wird nicht sagen: »Wir wollen nicht gegen Frankreich Krieg führen, weil seine Prosa vorzüglich ist,« sondern: weil Frankreichs Prosa vorzüglich ist, wird man das Land nicht mehr hassen. Die geistige Kritik wird Europa enger zusammenbinden, als es Handel und Sympathie der Gefühle vermögen. Sie wird uns den Frieden geben, der aus dem Verstehen entspringt.

Doch das ist nicht alles. Die Kritik erkennt keinen Standpunkt als endgültig an, sie verschmäht, sich durch die flachen Sätze einer Sekte oder Schule zu binden, und so schafft sie jenen heiteren philosophischen Geist, der die Wahrheit um ihrer selbst willen liebt und sie darum nicht weniger liebt, weil er weiß, sie ist unerreichbar. Wie wenig von diesem Geiste haben wir und wie nötig brauchen wir ihn! Der englische Geist wütet immer. Der Intellekt der Rasse wird durch das törichte und schmutzige Gezänk von

Politikern zweiten und Theologen dritten Ranges zerstört. Einem Manne der Wissenschaft blieb es vorbehalten, uns das höchste Beispiel jener ›ruhigen Vernünftigkeit‹ zu geben, von der Arnold so weise und ach! mit so wenig Erfolg sprach. Der Verfasser der *Abstammung des Menschen* hatte sicherlich jenen philosophischen Geist. Betrachtet man unsere gewöhnlichen Katheder und Kanzeln, so muß man die Verachtung Julians oder die Gleichgültigkeit Montaignes empfinden. Uns beherrscht der Fanatiker, und sein schlimmstes Laster ist seine Offenheit. Alles, was dem freien Spiel des Geistes auch nur nahe kommt, ist tatsächlich bei uns unbekannt. Man erhebt sein Geschrei gegen den Sünder, und doch ist es nicht der Sünder, sondern der Dummkopf, der uns zur Schmach gereicht. Es gibt keine Sünde außer der Dummheit.

Ernest

Ah, was für ein Widerspruchsgeist du bist!

Gilbert

Der künstlerische Kritiker ist, wie der Mystiker, immer ein Widersprechender. Nach dem gewöhnlichen Maßstab der Güte gut zu sein, ist natürlich ganz leicht. Dazu gehört nur ein gewisser Vorrat gemeiner Angst, ein gewisser Mangel an Phantasie und Gedanken, und eine gewisse niedrige Liebe zur Durchschnittsverantwortlichkeit. Die Ästhetik steht über der Ethik. Sie gehört einer geistigeren Sphäre an. Die Schönheit eines Dinges zu erkennen, das ist das höchste, was wir ereichen können. Selbst der Farbensinn ist in der Entwicklung des einzelnen wichtiger als der Sinn für Recht und Unrecht. Ja, die Ästhetik verhält sich zur Ethik in der Sphäre bewußter Zivilisation, wie sich in der äußeren Welt die künstliche zur natürlichen Zuchtwahl verhält. Die Ethik macht, wie die natürliche Zuchtwahl, das Dasein möglich. Die Ästhetik macht, wie die künstliche Zuchtwahl, das Leben lieblich und wunderbar, füllt es mit neuen Formen und verleiht ihm Fortschritt, Mannigfaltigkeit, Wechsel. Und wenn wir die wahre Kultur erreichen, nach der wir streben, so kommen wir zu jener Vollkommenheit, von der die Heiligen träumten, der Vollkommenheit jener, denen die Sünde unmöglich ist, und zwar nicht, weil sie gleich dem Asketen entsagen, sondern weil sie alles tun können, was sie wollen, ohne die Seele zu verletzen, und weil sie nicht wünschen können, was der Seele schadet; denn die Seele ist ein so göttliches Wesen, daß sie sich in die Elemente reicherer Erfahrung, feinerer Empfänglichkeit, neuer Arten des Denkens, Handelns oder Leidens verwandeln kann, die alle bei der gewöhnlichen Seele gemein, bei der unerzogenen unedel, bei der schandbeladenen verächtlich wären. Ist das gefährlich? – Ja, es ist gefährlich; alle Ideen, sagte ich, sind gefährlich. – Doch die Nacht wird müde, und in der Lampe flackert die Flamme. – Eins muß ich noch sagen. Du führtest gegen die Kritik an, sie sei unfruchtbar. Das neunzehnte Jahrhundert ist ein Wendepunkt der Geschichte, und zwar durch zwei Männer ward es dazu: durch Darwin und Renan. Der eine war der Kritiker des Buches der Natur, der andere der Kritiker der Bücher Gottes. Wer das nicht einsieht, verkennt die Bedeutung einer der wichtigsten Epochen in der Entwicklung der Welt. Das Schaffen bleibt immer hinter der Zeit zurück. Die Kritik führt uns. Der kritische Geist und der Weltgeist sind ein und dasselbe.

Ernest

Und wer diesen Geist hat, wird vermutlich nichts tun?

Gilbert

Gleich der Persephone, von der uns Landor spricht, »der lieblichen, gedankenreichen, um deren Füße Asphodill und Amaranth blühen«, wird er zufrieden ruhen, »in jener tiefen, unbewegten Ruhe, mit der die Sterblichen Mitleid haben, an der sich die Götter erfreuen«. Er sieht auf die Welt hinaus und kennt ihr Geheimnis. Durch die Berührung mit göttlichen Dingen *wird* er göttlich. *Sein* Leben, und nur seines, wird vollkommen sein.

Ernest

Du hast mir heute manches Sonderbare gesagt, Gilbert. Du sagtest, es sei schwerer, über etwas zu reden, als es zu tun, und nichts zu tun, sei das Schwerste. Du sagtest, alle Kunst sei unmoralisch, alles Denken gefährlich; die Kritik sei schöpferischer als das Schaffen, und die höchste Kritik sei die, die im Kunstwerk offenbart, was der Künstler nicht hineinlegte; gerade weil jemand etwas nicht *machen* könne, sei er der geeignete Richter und Beurteiler, der wahre Kritiker sei ungerecht, unaufrichtig und nicht vernünftig. – Mein Freund, du bist ein Träumer.

Gilbert

Ja, ich bin ein Träumer, denn ein Träumer ist der, der seinen Weg nur im Mondschein findet, und seine Strafe ist, daß er den Morgen vor der übrigen Welt dämmern sieht.

Ernest

Seine Strafe?

Gilbert

Und sein Lohn. Doch sieh, es dämmert schon. Ziehe die Vorhänge zurück und öffne die Fenster weit. – Wie kühl ist die Morgenluft. Dort liegt uns zu Füßen Piccadilly wie ein langes Silberband. Ein leichter Purpurnebel hängt über dem Park, und die Schatten der weißen Häuser sind purpurn. Es ist zu spät zum Schlafen. Laß uns hinuntergehen und nach den Rosen schauen. Komm! Ich bin des Denkens müde.

Oscar Wilde
Geboren am 16. 10. 1854 in Dublin
Gestorben am 30. 11. 1900 in Paris

1864-1871	Besuch der Portora Royal School Enniskillen
1871-1874	Besuch des Trinity College in Dublin Im gleichen Jahr Immatrikulation am Magdalen College in Oxford.
1878	beendet er sein Studium mit dem akademischen Grad eines Bachelor of Art.
1880	erstes Bühnenstück: *Vera, or the Nihilists*
1882	Auf Vortragsreise in den USA und Kanada unter Leitung seines Impressarios Richard D'Oyly Carte Begegnung mit Walt Whitman.
1883	Rückkehr nach England und anschließend für längerere Zeit in Paris. Begegnet dort: Edmond de Goncourt, Victor Hugo, Emile Zola, Paul Verlaine, Alphonse Daudet und seinem späteren Biographen Robert Harborough Sherard. Zweite Reise nach Amerika. Streit mit dem Maler Whistler. Dieser hat erhebliche Zweifel an Wildes Kunstverstand.
1884	Heirat mit Constance Lloyd.
1885	Geburt des Sohnes Cyril.
1886	trifft er Baldwin Robert Ross, seinen späteren Nachlaßverwalter. Ross besorgt die erste Gesamtausgabe seiner Werke. Geburt eines zweiten Sohnes Vyvyan.
1887	Herausgeber der Frauenzeitschrift *The Woman's World.*
1891	Folgenreiche Freundschaft mit Lord Alfred Douglas. In Paris Bekanntschaft mit Stéphane Mallarmé. Erhält von ihm die Prosaübersetzung von Edgar Allen Poes *The Raven.* Zusammentreffen mit André Gide. Kur in Bad Homburg.
1895	Mit Lord Alfred Douglas in Algier. Wenige Monate später reisen beide nach Monte Carlo. Verhaftung Wildes und erster Prozeß. Zweiter Prozeß im Mai: Wilde wird wegen Homosexualität zu zwei Jahren Zuchthaus verurteilt. Zwei Konkursverfahren. Sein Besitz wird versteigert.
1897	Nach Aufenthalt in mehreren Gefängnissen wird er am 19. Mai aus der Haft entlassen. Reist am gleichen Tag nach Frankreich. Wohnt in der Nähe von Dieppe. In Berneval-sur-Mer besucht ihn André Gide. Mit dem Freund Douglas in Rouen, Neapel und Capri.
1898	Wieder in Paris, Hôtel de Nice, dann Hôtel d'Alsasse, beide in der Rue des Beaux Arts. Seine Frau stirbt im April in Genua.

1900	Reisen und Aufenthalte in Italien, der Schweiz und Frankreich. Im Juli wieder in Paris. Aufnahme in die katholische Kirche durch Father Guthbert Dunn, Nottaufe und Sterbesakramente durch ihn. Stirbt an den Folgen einer Mittelohrentzündung. Wird auf dem Friedhof von Bagneuse bei Paris begraben und 1909 überführt auf den Friedhof Père Lachaise in Paris.
	Auswahlbibliographie:
1903	*Intentions*
1905-1908	Erste englische Gesamtausgabe der Werke Wildes in 14 Bänden, herausgegeben von Robert Ross; Verlag Methuen & Co.
1906-1908	*Fingerzeige (Intentions)*; Deutsch von F.P. Greve; Verlag J. C. C. Bruns, Minden/Westf.
1906	Erste deutschsprachige Gesamtausgabe Wildes in 10 Bänden; Wiener Verlag, Wien und Leipzig. Diese Ausgabe erschien 1918 in 12 Bänden neu. Band 11 und 12 enthalten *Das Leben Oscar Wildes* von R. H. Sherard.
1969	*Oscar Wilde in Selbstzeugnissen und Bilddokumenten* ; dargestellt von Peter Funke; Rowohlt Verlag, Reinbek bei Hamburg.
1970	*Oscar Wilde. Werke in zwei Bänden*; herausgegeben von Rainer Gruenter; Hanser Verlag, München.
1976	*Oscar Wilde. Leben und Werk in Daten und Bildern*; herausgegeben von Norbert Kohl; Insel Verlag, Frankfurt/Main.
1982	*Oscar Wilde. Sämtliche Werke.* Vollständige Ausgabe mit einer umfassenden Ausgabe seiner Briefe; herausgegeben von Norbert Kohl; Insel Verlag, Frankfurt/Main

Der vorliegende Text wurde der zweiten, veränderten Auflage des Bandes *Fingerzeige* von 1909 entnommen. Übersetzung von Felix Paul Greve. Verlag J. C. C. Bruns, Minden/Westf.

Druck und Bindung Fuldaer Verlagsanstalt GmbH
Satzbelichtung deutsch-türkischer fotosatz, Berlin
Printed in West-Germany 1987
ISBN 3-923854-37-4